······· ·······

はじめに

ちょっとずつ、いろいろなものを盛りつけたワンプレートは、
見ているだけで幸せな気持ちになります。
ミニチュアで作ると、かわいさも倍増！
パンに野菜やスープを合わせた、おしゃれな洋風プレート、
おにぎりに焼き魚を合わせた、ほっとする和風プレート、
華やかでキュートなスイーツプレートなど、
本書では、さまざまなミニチュアワンプレートを紹介します。

パン、ライスなどの主食に加え、野菜、肉、魚、フルーツなど
ワンプレートに使えるパーツをたっぷり掲載。
1つ1つのパーツ作りは、細かい作業も多いですが、
型を取っておけば、一度にたくさん作ることもできます。

そして、盛りつけるための食器も、もちろん手作りです。
絵具で好きな色をつけたり、UVレジンでガラス風にしたり、
同じ形でも色や素材によって雰囲気が変わります。

紹介したワンプレート作品と同じものを作ってもよいですが、
自由にアレンジするのも楽しいと思います。
「こんな組み合わせがあったらいいな」を実現できるのが、
ミニチュアのよいところです。
好きなパーツと食器を選び、
ぜひ自分だけの1皿を作ってみてください。

関口真優

CONTENTS

- はじめに … 2
- 使用する主な材料 … 6
- 使用する主な道具 … 8
- 自分だけのミニチュアワンプレートを作りましょう！ … 10

COLLECTION ミニチュアワンプレートコレクション

- 食パンプレート … 12
- イングリッシュマフィンプレート … 13
- バゲットプレート … 14
- カンパーニュプレート … 15
- シリアルプレート … 16
- ハンバーグプレート … 17
- ハッシュドビーフプレート … 18
- おにぎりプレート … 19
- 焼きさけプレート … 20
- 焼きさばプレート … 21
- ワッフルプレート … 22
- スコーンプレート … 23
- パンケーキプレート … 24
- ミニタルトプレート … 25

HOW TO MAKE パーツの作り方

- 粘土の着色、計量について … 27
- 型の作り方 … 28
- 食パン … 30
- イングリッシュマフィン/バゲット … 31
- カンパーニュ … 32
- シリアル … 33
- おにぎり … 34
- ライス / バターライス … 35
- ワッフル … 36
- スコーン … 37
- パンケーキ / ミニタルト … 38

焼きじゃがいも	…40
焼きなす / 焼きズッキーニ / 焼き玉ねぎ	…41
焼きかぼちゃ / かぼちゃの煮物 / 大根の煮物	…42
さつまいも / たけのこ / れんこん / 絹さや	…43
にんじん / しいたけ	…44
アスパラガス / マッシュルーム	…45
芽キャベツ / ラディッシュ / 赤大根	…46
玉ねぎ／紫玉ねぎ / ベビーリーフ / サニーレタス	…47
クレソン / 青じそ / 葉飾り	…48
トマト / かいわれ大根	…49
ひじきの煮物 / きんぴらごぼう	…50
がんも / 漬物 / スティックきゅうり	…51
さけ	…52
さば	…53
サーモン / ゆで卵 / 煮卵	…54
ローストビーフ	…55
パストラミビーフ / ハム	…56
ハンバーグ / カマンベールチーズ / スライスチーズ	…57
サラミ / 大根おろし	…58
クルトン / 黒ごま / 黒こしょう	…59
ハッシュドビーフ / スープ	…60
ソース類 / クリーム類	…61
ジャム / フルーツソース / ワンプレートに添えるドリンク	…62
りんご / バナナ	…63
いちご / ブルーベリー	…64
キウイ	…65
オレンジ / グレープフルーツ / ドライクランベリー / 飾りチョコ	…66
食器の作り方	…67
ワンプレートの盛りつけ	…75
作品リスト	…76

作りはじめる前に

◎基本的には各レシピの粘土は1個分の分量ですが、少量の粘土は着色しにくいため、小さなパーツは作りやすい分量でご紹介しています。

◎粘土が完全に乾燥するまで2～5日かかります。作品の大きさや季節、粘土の種類によって異なるので状態を見て調整してください。

◎UVレジンはUVライトにあてて3～5分で硬化します。作品の大きさや厚みにより照射時間は変わるので様子を見ながら調整してください。また、UVレジンは一度に流し込む量が多すぎたり、着色剤を入れすぎたりすると、中までUVライトがあたらず、硬化不良の原因になるので注意が必要です。

使用する主な材料

 粘土

グレイス
（日清アソシエイツ）

本書の主な作品で使用している樹脂粘土。キメが細かく、薄くのばせて仕上がりに透明感が出る。

グレイスライト
（日清アソシエイツ）

樹脂粘土をベースにした軽量粘土。弾力性があり、キメが細かい。イングリッシュマフィン（p.31）、カンパーニュ（p.32）、パンケーキ（p.38）で使用。

グレイスカラー
（日清アソシエイツ）

発色が美しいカラー粘土（全9色）。そのまま使うほか、粘土を濃く着色するときに混ぜ合わせる。

グレイスジュエリーライン
（日清アソシエイツ）

しなやかでコシがある樹脂粘土。イングリッシュマフィン（p.31）、カンパーニュ（p.32）で使用。型抜きしやすいので食器作りにもおすすめ。

すけるくん
（アイボン産業）

透明度が高くて柔軟性がある粘土。フルーツなどに使用し、透明感やみずみずしさを表現。乾燥すると色が濃くなるので着色の際は薄めに仕上げる。

 UVレジン

太陽の雫 ハードタイプ
（パジコ）

紫外線（UV）にあてるとかたまる透明樹脂。スープやソースを作ったり、複数のパーツをあえるときなどに使用。

 UVレジンの着色

宝石の雫
（パジコ）

UVレジン専用の液体着色剤（全17色）。UVレジンと混ざりやすく、透明感があり、発色が美しい。

 型取り

エポキシ造形パテ〈速硬化タイプ〉
（タミヤ）

型の原型を作るときに使用。キメ細かな表現ができ、速硬化タイプは5～6時間と硬化時間も短い。

シリコーンモールドメーカー
（パジコ）

原型を詰めるだけで型が作れるシリコーン型取り材。3分で硬化がはじまり、30分ほどで完全に硬化。

ミニチュアワンプレート作りに使う基本の材料を紹介します。
食器作りに使用するものは、p.68をご覧ください。

アクリル絵具
（リキテックス）

本書ではソフトタイプを使用。粘土の着色や、色塗りに。雑穀米（p.35）、さつまいも（p.43）、ラディッシュと赤大根（p.46）、漬物（p.51）は**ターナー ジャパネスクカラー**のえんじ色を使用。

カラー粘土の達人
（タミヤ）

粘土用の着色剤。べたつきにくく、色づきがよい。焼きなす（p.41）、アスパラガス（p.45）、漬物（p.51）、ブルーベリージャム（p.62）でブルーベリーを使用。

デコレーションカラー
（タミヤ）

つやのある発色が特徴のアクリル塗料（全13色）。粘土を着色するときに混ぜるほか、筆で塗ってフルーツなどの着色に使用。塗るときは別売りの溶剤を混ぜて薄めると塗りやすい。

木工用ボンド
（コニシ）

パーツの接着で使うほか、クリームやディップなどを作るときに使用。乾燥後は透明になる。100円均一ショップなどのものでOK。

ベビーパウダー

カンパーニュ（p.32）やミニタルト（p.38）を作るときに。白い絵具と混ぜて表面にまぶし、粉や粉砂糖の表現に使用。

ベビーオイル

粘土を型に詰めたり、切ったりするとき、カッターや型にオイルを塗ると粘土がくっつかずに作業しやすい。

ニス（つやあり）

ローストビーフ（p.55）を作るときに。**つや出しニス**（タミヤ）、**水性アクリルニス ウルトラバーニッシュ**（パジコ）がおすすめ。

〈粘土の保存について〉

使いかけの粘土は、乾燥しないように開け口をラップで包み、保存袋に入れて密閉しましょう。3カ月ほど保存可能です。袋から出した粘土も同様にラップに包んで保存袋に入れておくと翌日まで使えます。

使用する主な道具

クリアファイル

作業をするときに下に敷く。粘土がくっつきにくく、汚れたら使い捨てできるので便利。

カラースケール（パジコ）

粘土をくぼみに詰めて計量することができる道具。りんご（p.63）の成形にも使用。

UVライト

UVレジンをかためる照射器。本書ではUV（紫外線）照射器（日清アソシエイツ）を使用。

はさみ

粘土を切ったり、切り込みを入れたりするときに。切れ味がよく、刃先が細い粘土用がおすすめ。

カッター

カッターは刃の両側を持って押すように切る。細かい部分にはデザインナイフが使いやすい。

定規・プレス器

粘土をのばすときに。本書ではミニプレス（日清アソシエイツ）を使用。定規はサイズも計りやすい透明がよい。

歯ブラシ

粘土に質感をつけるときに使用。しっかり模様がつくように毛先は硬めを選ぶとよい。

ステンレスモデラ（日清アソシエイツ）

ステンレス製の粘土ヘラ。先端が細く、小回りがきくので細かい部分の作業に向いている。

シュガークラフト用の細工棒

先端に丸みがある棒。粘土にくぼみをつけるときや、小さな粘土をつぶすときなどに使用。

ミニチュアワンプレート作りに使う基本の道具を紹介します。
自分の手になじむ、使いやすいものを選びましょう。

楊枝

粘土に質感をつけるほか、粘土の着色時にアクリル絵具を少量すくうときにも使用。

筆

色を塗る面積が広いときは幅広筆、細かい部分は細筆や極細筆を選ぶ。右3本は**モデリングブラシHF（タミヤ）**、左は**クレイジュエリー筆短軸平筆4号（日清アソシエイツ）**。

メイクチップ

絵具を塗るときに使用。たたくようにして塗ると、ほどよくグラデーションができる。

カップ・小皿

カップは絵具の水入れに、小皿はUVレジンの着色などに。使い捨てできる薬味皿が便利。

ピンセット

食器に盛りつけるときにパーツをつかんだり、小さいものを作業するときに押さえる。

ラップ・メモ用紙

着色するときに絵具を出すパレットとして使用。ラップは粘土の保存（p.7）にも使用。

あると便利な道具

スポンジ

粘土を乾燥させるとき上にのせる。通気性がよいので底までしっかり乾かすことができる。

針

食パンやバゲット、カンパーニュなど、パンを作るときに。針で穴をあけて気泡を表現。

シリコンマット

UVレジンを使うときに敷くと、マットごとUVライトにあてられ、きれいにはがしやすい。

両面テープ（厚手）

フックに両面テープを巻いた作業台（p.70）を作るときに使用。厚手がおすすめ。

自分だけの
ミニチュアワンプレートを
作りましょう!

....

この本の使い方

STEP1
好きなパーツを選んで作る (p.27〜66)

まずはパン、ライス、おにぎり、スイーツなど
メインのものを決め、肉や魚、野菜、フルーツ、
スープなど合わせるものを考えましょう。
使うものが決まったらパーツ作りのスタート!

....

STEP2
食器を作る (p.67〜74)

盛りつける食器を作ります。
シンプルな丸いプレートをメインに、
プレートに合わせるボウルやカップ、
カトラリーの作り方も紹介しています。
自由に組み合わせてみましょう。

....

STEP3
盛りつける (p.75)

パーツと食器が揃ったら、あとは盛りつけるだけ。
プレートに並べながら配置を決め、
1つずつボンドで貼りつけていきます。
p.12〜25で紹介する作品も参考にしてください。

《ミニチュアワンプレートコレクション》

パンとサラダで洋風に、
おにぎりと焼き魚で和風に、
パンケーキやスコーンでデザートに。
私の好きなものをギュッと集めて
ワンプレートにしました。
組み合わせや盛りつけの参考にしてみてくださいね。

01

食パンプレート

こんがり焼けたトーストに、サラダやスープ、半熟ゆで卵。
憧れの朝ごはんをイメージした、さわやかな1皿です。

PARTS

〈左上から順に〉 食パン (p.30)、にんじん (p.44)、焼き玉ねぎ (p.41)、アスパラガス (p.45)、ゆで卵 (p.54)、
ベビーリーフ (p.47)、トマト (p.49)、ラディッシュ (p.46)、スライスチーズ (p.57)、ハム (p.56)

02

イングリッシュマフィンプレート

芽キャベツやクレソンのサラダ、チーズとスープで洋風に仕上げました。
イングリッシュマフィンにのせた赤いいちごジャムがアクセント。

PARTS

〈上から順に〉 イングリッシュマフィン (p.31)、じゃがいものポタージュ (p.60)、黒こしょう (p.59)、
芽キャベツ (p.46)、カマンベールチーズ (p.57)、クレソン (p.48)、りんご (p.63)

03

バゲットプレート

バゲットにはシックな色のプレートを合わせると大人っぽくなります。
にんじんラペやトマトサラダなど野菜たっぷりの1皿です。

PARTS

〈左上から順に〉 バゲット (p.31)、アスパラガス (p.45)、ゆで卵 (p.54)、焼きじゃがいも (p.40)、トマト (p.49)、
黒ごま (p.59)、紫玉ねぎ (p.47)、にんじん (p.44)、玉ねぎ (p.47)

04

カンパーニュプレート

ローストビーフは折りたたんで並べ、立体感を出しました。
スティック野菜にディップと、おつまみにぴったりのプレートです。

PARTS

〈左上から順に〉 カンパーニュ (p.32)、ローストビーフ (p.55)、サニーレタス (p.47)、ベビーリーフ (p.47)、アスパラガス (p.45)、
赤大根 (p.46)、スティックきゅうり (p.51)、にんじん (p.44)、アンチョビディップ (p.61)

05

シリアルプレート

シリアルをメインにした2種のプレートです。
サラダや焼き野菜、チーズや卵を合わせ、木のスプーンも添えて。

………………

PARTS

〈上：左から順に〉　シリアル (p.33)、いちご (p.64)、バナナ (p.63)、
ブルーベリー (p.64)、ドライクランベリー (p.66)、りんご (p.63)、
キウイ (p.65)、焼き玉ねぎ (p.41)、焼きかぼちゃ (p.42)、
アスパラガス (p.45)、焼きズッキーニ (p.41)、焼きなす (p.41)、
サーモン (p.54)、紫玉ねぎ (p.47)、煮卵 (p.54)

〈下：左から順に〉　シリアル (p.33)、バナナ (p.63)、
ドライクランベリー (p.66)、ブルーベリー (p.64)、
カマンベールチーズ (p.57)、ゆで卵 (p.54)、クレソン (p.48)、
トマト (p.49)、ラディッシュ (p.46)、ハム (p.56)、
スライスチーズ (p.57)、かいわれ大根 (p.49)

06

ハンバーグプレート

スキレット型の計量スプーン (p.74) を利用して盛りつけました。
ハンバーグとライス、野菜やきのこを合わせ、ボリュームたっぷりに。

PARTS

〈上から順に〉 ハンバーグ (p.57)、ライス (p.35)、
ゆで卵 (p.54)、アスパラガス (p.45)、
焼きズッキーニ (p.41)、焼きなす (p.41)、
焼きじゃがいも (p.40)、マッシュルーム (p.45)、
トマト (p.49)、にんじん (p.44)

07

ハッシュドビーフプレート

ハッシュドビーフに合わせ、バターライスを作りました。
木のプレートに盛りつけると、温かい雰囲気になります。

PARTS
〈左上から順に〉 バターライス(p.35)、ハッシュドビーフの牛肉(p.60)、
焼きじゃがいも(p.40)、ゆで卵(p.54)、ベビーリーフ(p.47)、トマト(p.49)、
ラディッシュ(p.46)、にんじん(p.44)、紫玉ねぎ(p.47)

08

おにぎりプレート

ミニチュアのおにぎりは、とてもキュート！
煮物や漬物をちょっとずつ盛りつけ、
にぎやかな1皿に。

PARTS

〈上：左上から順に〉　さつまいも (p.43)、かぼちゃの煮物 (p.42)、絹さや (p.43)、大根の煮物 (p.42)、にんじん (p.44)、
おにぎり (p.34)、しいたけ (p.44)、たけのこ (p.43)、きゅうりの漬物 (p.51)、なすの漬物 (p.51)、柴漬け (p.51)、たくあん (p.51)
〈下：左上から順に〉　しいたけ (p.44)、さつまいも (p.43)、柴漬け (p.51)、たくあん (p.51)、おにぎり (p.34)、がんも (p.51)、
絹さや (p.43)、煮卵 (p.54)、きゅうりの漬物 (p.51)、なすの漬物 (p.51)、たけのこ (p.43)、葉飾り (p.48)

09

焼きさけプレート

さけをメインに盛りつけた和風プレートです。
ころんとした丸いおにぎりで、かわいさをプラス。

PARTS

〈左上から順に〉 さけ (p.52)、おにぎり (p.34)、大根の煮物 (p.42)、ひじきの煮物 (p.50)、にんじん (p.44)、絹さや (p.43)、
れんこん (p.43)、がんも (p.51)、しいたけ (p.44)、青じそ (p.48)、きゅうりの漬物 (p.51)、柴漬け (p.51)

10
焼きさばプレート

さばと、梅干しおにぎりは、抜群の存在感!
煮物や漬物、煮卵を盛りつけ、大根おろしを添えました。

PARTS

〈左上から順に〉 さば (p.53)、おにぎり (p.34)、煮卵 (p.54)、きんぴらごぼう (p.50)、かぼちゃの煮物 (p.42)、
さつまいも (p.43)、青じそ (p.48)、なすの漬物 (p.51)、大根おろし (p.58)

11

ワッフルプレート

ワッフルを食事系の組み合わせで
盛りつけてみました。
フルーツやジャムと合わせ、
デザートプレートにしても。

PARTS

〈左上から順に〉 クルトン (p.59)、
コーンスープ (p.60)、パストラミビーフ (p.56)、
焼きズッキーニ (p.41)、焼きなす (p.41)、
サラミ (p.58)、ワッフル (p.36)

12

スコーンプレート

スコーンに、ジャムと
クロテッドクリーム、フルーツとチーズ。
お茶の時間をイメージして、
シンプルに仕上げました。

PARTS

〈左上から順に〉
スコーン (p.37)、ブルーベリージャム (p.62)、
いちごジャム (p.62)、クロテッドクリーム (p.61)、
カマンベールチーズ (p.57)、いちご (p.64)、
オレンジ (p.66)、ブルーベリー (p.64)

..13..

パンケーキプレート

こんなおしゃれな朝ごはんや
ランチはいかが？ パンケーキに
バナナとブルーベリーソースをのせて
ゴージャスに。
....

PARTS

〈上から順に〉 かぼちゃのポタージュ (p.60)、焼きかぼちゃ (p.42)、
パンケーキ (p.38)、バナナ (p.63)、ベビーリーフ (p.47)、トマト (p.49)、
ゆで卵 (p.54)、サーモン (p.54)、かいわれ大根 (p.49)、キウイ (p.65)

ミニタルトプレート

小さなタルトを作り、いろいろな
フルーツやチョコをトッピング。
心ときめくスイーツプレートです。

PARTS

〈上から順に〉 ミニタルト (p.38)、バナナ (p.63)、オレンジ (p.66)、キウイ (p.65)、
飾りチョコ (p.66)、いちご (p.64)、グレープフルーツ (p.66)

《パーツの作り方》

ここからは、ワンプレートに使用した
各パーツの作り方を紹介します。
どんなプレートを作りたいかイメージして、
好きなパーツを選んでください。

粘土の着色、計量について

着色は主にアクリル絵具を使いますが、絵具の量が多くなると、
粘土が水っぽくなることがあるので、濃い色を作るときはカラー粘土を使います。
計量にはカラースケール (p.8) があると便利です。

<着色>

1
アクリル絵具を楊枝に少量つけて、適当な大きさに広げた粘土の上にのせる。

2
粘土をのばしてたたむ動きをくり返し、全体に色がつくまで混ぜる。

3
混ぜ終わり。
色が薄かったら様子を見ながら絵具を少量ずつ加えてください。粘土の色は乾燥すると濃くなるので、目指す色よりも薄めに仕上げます。

カラー粘土を使う場合

下記の要領で粘土を指定の大きさに計量し、カラー粘土と無着色の粘土を貼り合わせる。粘土をのばしてたたむ動きをくり返し、全体に色がつくまでよく混ぜる。

<計量>

カラースケールのくぼみに粘土を多めに入れ、はみ出た分を指先ですり切る。

カラースケールのくぼみの大きさはA〜Iまであります。

材料に記したアルファベットは計量時に使用するくぼみの大きさです。
カラースケールがない場合は、下記の大きさを参考に丸玉を作ってください。

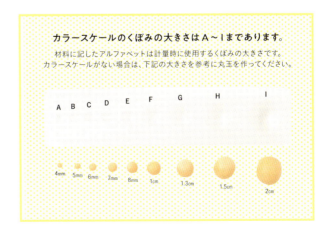

A	B	C	D	E	F	G	H	I
4mm	5mm	6mm	7mm	8mm	1cm	1.3cm	1.5cm	2cm

型の作り方

型を作っておくと、同じパーツを複数使いたいときに便利です。
原型は型の元になるので、時間をかけて丁寧に作りましょう。
型の基本的な作り方をバゲット (p.31) で解説します。

材料

造形用パテ (エポキシ造形パテ〈速硬化タイプ〉)　　シリコーン型取り材 (シリコーンモールドメーカー)

作り方

1

エポキシ造形パテの白い主剤とベージュの硬化剤を1：1で取り分ける。

本書の主な作品は約1cm幅ずつ使用。使用量は作品の大きさに合わせて調整します。

2

ねじりながら、ムラがなくなるまで混ぜ合わせる。

3

土台の上に平らに広げ、表面に歯ブラシをあてて形を整えながら質感をつける。

エポキシ造形パテは硬化するとくっつくので、木の破片などを土台にして作業しましょう。広げる大きさは適当でOK。

4

粘土ヘラ (**ステンレスモデラ**) でバゲットの形を描き、余分なパテを取り除く。

5

指でつまんで縁を立たせ、針でつついて細かく穴をあける。穴のところどころを、針で広げて大きめの穴を作るとリアルに仕上がる。

6
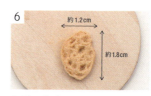

原型の完成。5～6時間おいて硬化させる。

この形が型の元になります。丁寧に質感を表現してください。

7

シリコーンモールドメーカーの2材を1：1で取り、ムラがなくなるまで混ぜ合わせる。

シリコーンモールドメーカーは付属のスプーンだと量が多いので、原型の大きさに合わせてカラースケールで計量するとよいでしょう。

8

9
30分ほどおいて硬化させ、**シリコーンモールドメーカー**をはがす。

10
型の出来上がり。

7を**6**の原型に覆いかぶせ、隙間があかないように、しっかりと密着させる。
シリコーンモールドメーカーは3分で硬化がはじまるので、手早く作業します。

複雑な形の場合

ワッフルなど凹凸がある複雑な形のものは、下記のように
2回に分けてシリコーンモールドメーカーを覆いかぶせると、きれいに型が取れます。

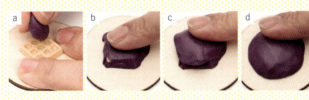

シリコーンモールドメーカーを溝に押し込むようにしながら薄くのばす（a、b）。さらにシリコーンモールドメーカーを上からかぶせ、隙間があかないように全体をなじませる（c、d）。

しっかり溝に行き渡らないと、角が丸くなり、凹凸がはっきりつきません。

食パン

材料
造形用パテ
（**エポキシ造形パテ〈速硬化タイプ〉**）

シリコーン型取り材
（**シリコーンモールドメーカー**）

樹脂粘土（**グレイス**）

アクリル絵具
（**リキテックス ソフトタイプ**）
　〈a●〉イエローオキサイド
　〈b●〉ローシェンナ

準備
p.27の要領で、粘土を絵具〈a●〉で薄い黄色に着色し、カラースケールIで計量する（直径2cm）。

作り方

1　p.28の1〜3の要領で**エポキシ造形パテ**を土台の上に広げたら、粘土ヘラ（**ステンレスモデラ**）で食パンの形を描き、余分なパテを取り除く。

約1.6cm　約1.8cm

2　p.28の5の要領で縁を立たせて針で穴をあけ、原型の完成。5〜6時間おいて硬化させる。

3　p.28〜29の7〜9の要領で**シリコーンモールドメーカー**を2にかぶせて硬化させ、型の完成。

4　着色した粘土を3の型に詰める。
粘土の量が多ければ指ですり切り、少なければ粘土を足して平らに整えます。

5　型から粘土を出し、乾燥させる。絵具〈b●〉を側面に塗る。
メイクチップでたたくようにして塗ると、ほどよいグラデーションができてリアルになります。

6　表面のところどころに絵具〈a●〉を塗り、焼き色をつける。

イングリッシュマフィン

材料
造形用パテ
（エポキシ造形パテ〈速硬化タイプ〉）

シリコーン型取り材
（シリコーンモールドメーカー）

樹脂粘土
（グレイスジュエリーライン）

軽量樹脂粘土
（グレイスライト）

アクリル絵具
（リキテックス ソフトタイプ）
　〈a●〉イエローオキサイド

準備
グレイスジュエリーラインとグレイスライトを1:1で混ぜ、p.27の要領で、絵具〈a●〉で薄い黄色に着色し、カラースケールIで計量する（直径2cm）。

作り方

1 p.28の1〜3の要領でエポキシ造形パテを土台の上に広げたら、粘土ヘラ（ステンレスモデラ）で丸（直径2cmくらい）を描き、余分なパテを取り除く。p.28の5の要領で縁を立たせて針で穴をあけ、原型の完成。5〜6時間おいて硬化させる。

2 p.28〜29の7〜9の要領でシリコーンモールドメーカーを1にかぶせて硬化させ、型の完成。

3 着色した粘土を2の型に詰める。
粘土の量が多ければ指ですり切り、少なければ粘土を足して平らに整えます。

4 型から粘土を出し、乾燥させる。絵具〈a●〉をところどころに塗って焼き色をつける。
メイクチップでたたくようにして、外側から内側に向かって塗ります。

バゲット

材料
造形用パテ
（エポキシ造形パテ〈速硬化タイプ〉）

シリコーン型取り材
（シリコーンモールドメーカー）

樹脂粘土（グレイス）

アクリル絵具（リキテックス ソフトタイプ）
　〈a●〉イエローオキサイド
　〈b●〉ローシェンナ
　〈c●〉トランスペアレントバーントシェンナ

準備
p.27の要領で、粘土を絵具〈a●〉で薄い黄色に着色し、カラースケールIで計量する（直径2cm）。

作り方

1 p.28〜29の要領でエポキシ造形パテとシリコーンモールドメーカーで型を作ったら、着色した粘土を詰める。
粘土の量が多ければ指ですり切り、少なければ粘土を足して平らに整えます。

2 型から粘土を出し、乾燥させる。絵具〈b●〉、〈c●〉を適当に混ぜながら側面を塗る。
メイクチップでたたくようにして塗ると、ほどよいグラデーションができてリアルになります。

カンパーニュ

材料

造形用パテ
（エポキシ造形パテ〈速硬化タイプ〉）

シリコーン型取り材
（シリコーンモールドメーカー）

樹脂粘土（グレイスジュエリーライン）

軽量樹脂粘土（グレイスライト）

アクリル絵具
（リキテックス ソフトタイプ）
　〈a●〉イエローオキサイド
　〈b●〉トランスペアレントバーントアンバー
　〈c○〉チタニウムホワイト

ベビーパウダー

準備

グレイスジュエリーラインとグレイスライトを1:1で混ぜ、p.27の要領で、絵具〈a●〉、〈b●〉で薄い茶色に着色し、カラースケールIで計量する（直径2cm）。

作り方

1　p.28 の **1～3** の要領で**エポキシ造形パテ**を土台の上に広げたら、粘土ヘラ（**ステンレスモデラ**）でカンパーニュの形を描き、余分なパテを取り除く。

2　p.28 の **5** の要領で縁を立たせて針で穴をあけ、原型の完成。5～6時間おいて硬化させる。

3　p.28～29 の **7～9** の要領で**シリコーンモールドメーカー**を **2** にかぶせて硬化させ、型の完成。

4　着色した粘土を **3** の型に詰める。
粘土の量が多ければ指ですり切り、少なければ粘土を足して平らに整えます。

5　型から粘土を出し、乾燥させる。絵具〈b●〉を側面に塗る。
メイクチップでたたくようにして塗ると、ほどよいグラデーションができてリアルになります。

6　絵具〈c○〉とベビーパウダーを混ぜ、側面に筆ではたきつける。
絵具を混ぜることで粉が定着します。

シリアル

材料

造形用パテ
（エポキシ造形パテ〈速硬化タイプ〉）

シリコーン型取り材
（シリコーンモールドメーカー）

樹脂粘土（グレイス）

アクリル絵具
（リキテックス ソフトタイプ）
　〈a●〉ローシェンナ
　〈b●〉トランスペアレントバーントシェンナ
　〈c●〉トランスペアレントバーントアンバー

準備

p.27の要領で、粘土を絵具〈a●〉で薄い黄土色に着色し、カラースケールlで計量する（直径2cm）。

作り方

1　p.28の1〜2の要領で**エポキシ造形パテ**を混ぜ、ピンセットで小さくつまんで土台の上にのせ、いろいろな大きさ（2〜5mm大）や形のかたまりを作る。

2　5〜6時間おいて硬化させる。

3　p.28〜29の7〜9の要領で**シリコーンモールドメーカー**を2にかぶせて硬化させ、型の完成。

4　着色した粘土を3の型に詰める。
粘土の量が多ければ指ですり切り、少なければ粘土を足して平らに整えます。

5　型から粘土を出し、乾燥させる。

6　絵具〈b●〉、〈c●〉を適当に混ぜながら、表面に塗る。
割り箸に厚手の両面テープを貼って作業台を作り、上にのせると着色しやすいです。

シリアルに合わせるヨーグルト

ヨーグルト
シリアルと好みのフルーツと一緒に器に盛りつけてみてください。

樹脂粘土（グレイス）、木工用ボンド、アクリル絵具（リキテックス ソフトタイプ）〈チタニウムホワイト〉を混ぜ合わせる。
粘土だけだと乾燥後に透明感が出てしまうので、白い絵具を少し混ぜます。

おにぎり

材料 造形用パテ（エポキシ造形パテ〈速硬化タイプ〉）　樹脂粘土（グレイス）
シリコーン型取り材（シリコーンモールドメーカー）　木工用ボンド

基本の作り方

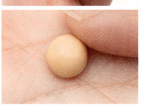

1 p.28の1〜2の要領で**エポキシ造形パテ**を混ぜたら、三角形（1辺が1.3cmくらい）または丸玉（直径8mmくらい）を作る。
パテは全量を使わず、成形する大きさに合わせて使用量を調節してください。

2 p.28〜29の7〜9の要領で**シリコーンモールドメーカー**を1にかぶせて硬化させ、型の完成。

3 粘土を直径1〜2mmに丸め、型の底が見えなくなるまで詰める。

4 直径5〜6mmに丸めた粘土を2個くらい重ねて詰め、中央を埋める。
丸い型の場合は、直径2〜3mmの丸玉。

5 再び直径1〜2mmに丸めた粘土を詰め、周りの隙間を埋める。

6 直径5〜6mmに丸めた粘土を広げ、全体を覆う。
粘土を広げるときは、強く押しすぎると中の小さい粘土がつぶれてしまうので注意。裏面も見せる場合は、直径1〜2mmの粘土で全体を覆います。

7 型から取り出し、形を整える。

8 木工用ボンドを表面のところどころに塗り、米の質感を出す。

具を混ぜる場合

基本の作り方1〜8と流れは同じ。作り方3で、型に直径1〜2mmに丸めた粘土と、パーツをバランスよく詰める。作り方5で、小さく丸めた粘土とパーツを詰めて隙間を埋める。作り方7で、型から出したら、パーツが接着していないことがあるのでボンドで貼って形を整える。

ライス
バターライス

材料
樹脂粘土（**グレイス**）
アクリル絵具
（**リキテックス ソフトタイプ**）
〈a●〉イエローオキサイド
ベビーオイル
木工用ボンド

準備 バターライスは、p.27の要領で、粘土を絵具〈a●〉で薄い黄色に着色する。

作り方

1 ティーカップやカラースケールなど、ライスを詰めるものにベビーオイルを塗る。

粘土を型からはずしやすいようにオイルを塗ります。**エポキシ造形パテとシリコーンモールドメーカー**で好きな型を作っても。その場合は、オイルは塗らなくてもOK。

2 粘土（バターライスは着色した粘土）を直径1〜2mmに丸め、1の中に詰める。以降、おにぎりの基本の作り方3〜8と同じ要領で作る。

三角おにぎり

A **ひじきおにぎり**
ひじきの煮物（p.50）のパーツを混ぜる。

B **さけ＆絹さやのおにぎり**
カットしたサーモン（p.54）、絹さや（p.43）を混ぜる。

C **梅干しおにぎり**
上に梅干し（p.51）を貼る。

D **炊き込みごはんのおにぎり**
粘土をアクリル絵具（**リキテックス ソフトタイプ**）〈ローシェンナ〉で薄茶色に着色し、米粒を作る。カットしたしいたけ（p.44）、たけのこ（p.43）、にんじん（p.44）を混ぜる。

E **雑穀米のおにぎり**
粘土をアクリル絵具（**ターナー ジャパネスクカラー**）〈えんじ〉で薄ピンク〜ピンクに着色し（色をまばらにしてグラデーションを作る）、米粒を作る。粘土で直径2mmくらいの楕円粒を作り、えんじの絵具で塗って米粒に混ぜる。上に黒ごま（p.59）を貼る。

丸おにぎり

A **ごまのおにぎり**
上に黒ごま（p.59）を貼る。

B **枝豆入りのおにぎり**
ひじきの煮物の枝豆（p.50）を混ぜる。

C **雑穀米のおにぎり**
粘土をアクリル絵具（**ターナー ジャパネスクカラー**）〈えんじ〉で薄ピンク〜ピンクに着色し（色をまばらにしてグラデーションを作る）、米粒を作る。ひじきの煮物の大豆（p.50）と、大豆をえんじ色に塗ったものを混ぜる。

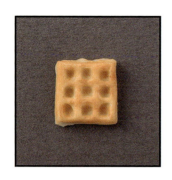

ワッフル

材料

造形用パテ
（エポキシ造形パテ〈速硬化タイプ〉）

シリコーン型取り材
（シリコーンモールドメーカー）

樹脂粘土（グレイス）

アクリル絵具
（リキテックス ソフトタイプ）
　〈a●〉イエローオキサイド
　〈b●〉ローシェンナ

準備

p.27の要領で、粘土を絵具〈a●〉で薄い黄色に着色し、カラースケールIで計量する（直径2cm）。

作り方

1 p.28の1～3の要領で**エポキシ造形パテ**を土台の上に広げたら、カッターで四角くカットする。

4 原型の完成。5～6時間おいて硬化させる。

2 p.28の5の要領で縁を立たせ、シュガークラフト用の細工棒などで押し、くぼみを9個作る。

5 p.28～29の7～9の要領で**シリコーンモールドメーカー**を4にかぶせて硬化させ、型の完成。
凹凸がきれいに出るように、**シリコーンモールドメーカーを2回に分けてかぶせる**とよいでしょう（p.29複雑な形の場合）。

3 くぼみの間をピンセットでつまみ、くぼみの形が四角くなるように整える。

6 着色した粘土を5の型に詰め、型から粘土を出し、乾燥させる。絵具〈b●〉を全体に塗る。

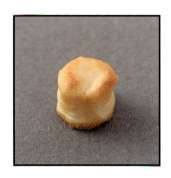

スコーン

材料
造形用パテ
（**エポキシ造形パテ〈速硬化タイプ〉**）

シリコーン型取り材
（**シリコーンモールドメーカー**）

樹脂粘土（**グレイス**）

アクリル絵具
（**リキテックス ソフトタイプ**）
〈a●〉ローシェンナ

準備
p.27の要領で、粘土を絵具〈a●〉で薄い黄土色に着色し、カラースケールⅠで計量する（直径2cm）。

作り方

1　p.28の1〜2の要領で**エポキシ造形パテ**を混ぜたら、ちぎってボソボソの状態を作る。

2　ボソボソの質感を保ったまま円柱形に整え、上は指でへこませてデコボコにする。

3　原型の完成。5〜6時間おいて硬化させる。

4　p.28〜29の7〜9の要領で**シリコーンモールドメーカー**を3にかぶせて硬化させ、型の完成。

5　着色した粘土を4の型に詰める。
粘土の量が多ければ指ですり切り、少なければ粘土を足して平らに整えます。

6　型から粘土を出し、乾燥させる。絵具〈a●〉を塗り、焼き色をつける。
上のへこんでいる部分や側面はあまり塗らず、メイクチップでたたくようにして塗ると、ほどよいグラデーションができてリアルになります。

7　カットする場合は、半日くらいおいた半乾きのときに、両手で半分に割る。
手で割ると断面のボソボソした質感が出せます。割りにくい場合は最初にカッターで少し切り込みを入れてください。

パンケーキ

材料

軽量樹脂粘土（グレイスライト）

アクリル絵具
（リキテックス ソフトタイプ）
　〈a●〉イエローオキサイド
　〈b●〉ローシェンナ

準備

p.27の要領で、粘土を絵具〈a●〉で薄い黄色に着色し、カラースケールGで計量する（直径1.3cm）。

作り方

1　着色した粘土を平らにつぶして円形（直径1.8cmくらい）にし、乾燥させる。

2　絵具〈b●〉を表面に塗って焼き色をつける。
縁は残し、メイクチップでたたくようにして塗ると、ほどよいグラデーションができてリアルになります。

ミニタルト

材料

造形用パテ
（エポキシ造形パテ〈速硬化タイプ〉）

シリコーン型取り材
（シリコーンモールドメーカー）

樹脂粘土（グレイス）

アクリル絵具
（リキテックス ソフトタイプ）
　〈a●〉イエローオキサイド
　〈b●〉ローシェンナ
　〈c○〉チタニウムホワイト

ベビーパウダー

準備

p.27の要領で、粘土を絵具〈a●〉で薄い黄色に着色し、カラースケールIで計量する（直径2cm）。

作り方

1　p.28の1〜2の要領でエポキシ造形パテを混ぜたら、円すいを作って上を粘土ヘラ（ステンレスモデラ）で平らにつぶす。

2　歯ブラシをあてて質感をつけながら形を整える。

3 側面に粘土ヘラ（**ステンレスモデラ**）で均等に筋を入れる。

4 原型の完成。5〜6時間おいて硬化させる。

5 p.28〜29の7〜9の要領で**シリコーンモールドメーカー**を4にかぶせて硬化させ、型の完成。

6 着色した粘土を5の型に詰め、歯ブラシをあてて質感をつける。
くぼみをつけるときに盛り上がるため、粘土は型より少し少なめに詰めます。

7 デザインナイフや筆の柄などで押して、中央にくぼみを作る。

8 型から粘土を出し、乾燥させる。絵具〈a●〉、〈b●〉を適当に混ぜながら塗り、縁と側面に焼き色をつける。
メイクチップでたたくようにして塗ると、ほどよいグラデーションができてリアルになります。

9 絵具〈c○〉とベビーパウダーを混ぜ、縁に筆ではたきつける。
絵具を混ぜることで粉が定着します。

タルトにトッピングするとき

1 ボンドにアクリル絵具（**リキテックス ソフトタイプ**）〈イエローオキサイド〉、〈チタニウムホワイト〉を少しずつ混ぜる。

2 1をタルトのくぼみの中に入れ、上に好みのフルーツパーツなどをのせる。パーツが重なる部分はボンドで貼りつける。

ホール　カット

焼きじゃがいも

作り方

ホール

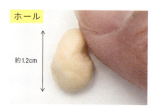

約1.2cm

1　着色した粘土を適当に丸めてじゃがいもの形を作り、半日くらいおいて半乾きにする。
表面をつぶして凸凹を作ります。

カット

1　着色した粘土を4.5cm長さの棒状にのばし、乾燥させる。絵具〈b●〉で色を塗る。
線を描くように一定方向に塗り、下の地色も見えるようにムラがあってOK。

2　絵具〈b●〉で色を塗り、焼き色をつける。
メイクチップでたたくようにして塗ると、ほどよいグラデーションができてリアルになります。

2　カッターで輪切りにする。

3　中央にデザインナイフで十字に切り込みを入れ、そらせるようにして少し穴を広げる。

3　表面のところどころにボンドを塗り、乾燥させる。

4　溶かしバターを作り(p.61)、上にかける。UVライトにあててかためる。
シリコンマットの上に置いて作業すると、マットごとUVライトに移動できて便利です。

4　ボンドを塗ったところに絵具〈b●〉、〈c●〉を混ぜながら塗り、焼き色をつける。
割り箸に厚手の両面テープを貼って作業台を作ると作業しやすいです。ボンドで膜を作ってから色を塗ると焼き色の質感が出ます。メイクチップでたたくようにして塗ると、ほどよいグラデーションができてリアルになります。

ホール

材料

樹脂粘土（**グレイス**）

アクリル絵具
（**リキテックス ソフトタイプ**）
　〈a●〉イエローオキサイド
　〈b●〉ローシェンナ

溶かしバター（p.61）

準備

p.27の要領で、粘土を絵具〈a●〉で薄い黄色に着色し、カラースケールEで計量する（直径8mm）。

カット

材料

樹脂粘土（**グレイス**）

アクリル絵具
（**リキテックス ソフトタイプ**）
　〈a●〉イエローオキサイド
　〈b●〉ローシェンナ
　〈c●〉トランスペアレントバーントアンバー

木工用ボンド

準備

p.27の要領で、粘土を絵具〈a●〉で薄い黄色に着色し、カラースケールHで計量する（直径1.5cm）。

焼きなす　　　　焼きズッキーニ　　　　焼き玉ねぎ

材料
樹脂粘土（グレイス）
アクリル絵具
（リキテックス ソフトタイプ）
〈a●〉イエローオキサイド
〈b●〉ローシェンナ
〈c●〉トランスペアレント
　　　バーントアンバー

着色剤（**カラー粘土の達人**）
〈ブルーベリー〉

木工用ボンド

準備　p.27の要領で、粘土を絵具〈a●〉で薄い黄色に着色し、カラースケールHで計量する（直径1.5cm）。

作り方

1　着色した粘土を4.5cm長さの棒状にのばし、乾燥させる。ブルーベリーの着色剤で色を塗る。

線を描くように一定方向に塗り、下の地色も見えるようにムラがあってOK。

2　カッターで輪切りにし、表面のところどころにボンドを塗り、乾燥させる。ボンドを塗ったところに絵具〈b●〉、〈c●〉を混ぜながら塗り、焼き色をつける。

ボンドで膜を作ってから色を塗ると焼き色の質感が出ます。メイクチップでたたくようにして塗ると、ほどよいグラデーションができてリアルになります。

材料
樹脂粘土（グレイス）
アクリル絵具
（リキテックス ソフトタイプ）
〈a●〉イエローオキサイド
〈b●〉パーマネントサップグリーン
〈c●〉ローシェンナ
〈d●〉トランスペアレント
　　　バーントアンバー

木工用ボンド

準備　p.27の要領で、粘土を絵具〈a●〉で薄い黄色に着色し、カラースケールHで計量する（直径1.5cm）。

作り方

1　着色した粘土を4.5cm長さの棒状にのばし、乾燥させる。絵具〈b●〉で色を塗る。

濃いめに色を塗り、ズッキーニの皮を表現します。

2　カッターで輪切りにし、表面のところどころにボンドを塗り、乾燥させる。ボンドを塗ったところに絵具〈c●〉、〈d●〉を混ぜながら塗り、焼き色をつける。

ボンドで膜を作ってから色を塗ると焼き色の質感が出ます。メイクチップでたたくようにして塗ると、ほどよいグラデーションができてリアルになります。

材料
樹脂粘土（グレイス）
アクリル絵具
（リキテックス ソフトタイプ）
〈a●〉イエローオキサイド
〈b●〉トランスペアレント
　　　バーントアンバー

準備　p.27の要領で、粘土を絵具〈a●〉で薄い黄色に着色し、カラースケールDで計量する（直径7mm）。

作り方

1　着色した粘土を円形にし、指でつまんで縁を立てる。

2　中心から外側に向かって粘土ヘラ（**ステンレスモデラ**）で円を描き、筋をつける。

円は5〜6周を目安に。定規などの上に置くと定規ごと向きを変えながら作業できて便利です。

3　絵具〈b●〉を表面に塗って焼き色をつける。

メイクチップでたたくようにして塗ると、ほどよいグラデーションができてリアルになります。

焼きかぼちゃ

材料
樹脂粘土（グレイス）
アクリル絵具
（リキテックス ソフトタイプ）
　〈a●〉　ビビッドレッドオレンジ
　〈b●〉　パーマネントサップグリーン
　〈c●〉　ローシェンナ
　〈d●〉　トランスペアレントバーントアンバー

木工用ボンド

準備　p.27の要領で、粘土を絵具〈a●〉で薄いオレンジに着色し、カラースケールDで計量する（直径7mm）。

作り方

1. 着色した粘土を直径1.5cmの円形にのばしてカッターで半分に切り、粘土ヘラ（ステンレスモデラ）で真ん中を取り除いてくし形にする。乾燥させる。
定規などの上に置くと、手で持って定規ごと向きを変えながら作業できます。

2. 皮になる面を絵具〈b●〉で塗る。表面のところどころにボンドを塗り、乾燥させる。ボンドを塗ったところに絵具〈c●〉、〈d●〉を混ぜながら塗り、焼き色をつける。
ボンドで膜を作ってから色を塗ると焼き色の質感が出ます。メイクチップでたたくようにして塗ると、ほどよいグラデーションができてリアルになります。

かぼちゃの煮物

材料
樹脂粘土（グレイス）
アクリル絵具
（リキテックス ソフトタイプ）
　〈a●〉　ビビッドレッドオレンジ
　〈b●〉　パーマネントサップグリーン
　〈c●〉　ローシェンナ

準備　p.27の要領で、粘土を絵具〈a●〉で薄いオレンジに着色し、カラースケールEで計量する（直径8mm）。

作り方

1. 着色した粘土で厚めのくし形を作る。

2. 中央の部分は楊枝でつついてボソボソさせ、乾燥させる。

3. 皮になる側面を絵具〈b●〉で塗り、表面のところどころに絵具〈c●〉を塗る。カッターで好みの大きさに切る。
皮は粘土の地色も見えるようにムラがあってOK。

大根の煮物

材料
粘土（すけるくん）
アクリル絵具
（リキテックス ソフトタイプ）
　〈a●〉　イエローオキサイド

準備　p.27の要領で、粘土を絵具〈a●〉で薄い黄色に着色し、カラースケールFで計量する（直径1cm）。
すけるくんは乾燥すると色が濃くなるので注意。イメージよりも薄めに着色します。

作り方

1. 着色した粘土を円形にし、指でつまんで縁を立てる。
定規などの上に置くと、手で持って定規ごと向きを変えながら作業できます。

2. 粘土ヘラ（ステンレスモデラ）で放射状に細かく筋を入れる。

3. 中央にデザインナイフで十字に切り込みを入れ、乾燥させる。

さつまいも

材料
樹脂粘土（グレイス）
アクリル絵具
（リキテックス ソフトタイプ）
〈a●〉リキテックスイエロー

アクリル絵具
（ターナー ジャパネスクカラー）
〈b●〉えんじ色

準備 p.27の要領で、粘土を絵具〈a●〉で薄い黄色に着色し、カラースケールHで計量する（直径1.5cm）。

作り方

着色した粘土を4.5cm長さの棒状にのばし、乾燥させる。絵具〈b●〉で色を塗る。カッターで輪切りにし、表面に絵具〈a●〉を縁から内側に向かって塗る。
縁をやや濃くして色ムラを作り、熱を加えた質感を出します。

たけのこ

材料
樹脂粘土（グレイス）
アクリル絵具
（リキテックス ソフトタイプ）
〈a●〉ローシェンナ

準備 p.27の要領で、粘土を絵具〈a●〉でベージュ色に着色し、カラースケールCで計量する（直径6mm）。

作り方

1 着色した粘土でくし形を作り、たけのこの形に整える。
定規などの上に置くと、手で持って定規ごと向きを変えながら作業できます。

2 粘土ヘラ（**ステンレスモデラ**）でサイドに細かく切り込みを入れ、余分な粘土を取り除き、乾燥させる。

れんこん

材料
樹脂粘土（グレイス）
アクリル絵具
（リキテックス ソフトタイプ）
〈a●〉ローシェンナ

準備 p.27の要領で、粘土を絵具〈a●〉でベージュ色に着色し、カラースケールBで計量する（直径5mm）。

作り方

1 着色した粘土を円形にし、指でつまんで縁を立てる。
きれいな円形じゃなく、少しいびつな形でもOK。

2 楊枝で穴をあけ、乾燥させる。
定規などの上に置くと、手で持って定規ごと向きを変えながら作業できます。穴の大きさは揃えず、バラバラに。

絹さや

材料
樹脂粘土（グレイス）
アクリル絵具
（リキテックス ソフトタイプ）
〈a●〉パーマネントサップグリーン

準備 p.27の要領で、粘土を絵具〈a●〉で黄緑に着色し、カラースケールAで計量する（直径4mm）。

作り方

着色した粘土を平らにつぶして直径6mmの円形にし、カッターで半分に切る。粘土ヘラ（**ステンレスモデラ**）などで絹さやの形に整える。

にんじん

材料
樹脂粘土（**グレイス**）
アクリル絵具
（**リキテックス ソフトタイプ**）
　〈a●〉ビビッドレッドオレンジ
　〈b●〉カドミウムレッドミディアム

準備
p.27の要領で、粘土を絵具〈a●〉、〈b●〉でオレンジに着色する。花形はカラースケールDで計量し（直径7mm）、乱切りとスティック、せん切りはカラースケールGで計量する（直径1.3cm）。

作り方

乱切り・スティック・せん切り

1　着色した粘土を5cm長さの棒状にのばし、乾燥させる。

2　カッターで乱切りやせん切り、スティック状に切る。

花形

1　着色した粘土を平らにつぶして直径1.2cmの円形にし、カッターで五角形に切る。
定規などの上に置くと、定規ごと向きを変えながら作業できて便利です。

2　回転させながら、カッターでそれぞれの辺の真ん中にV字に切り込みを入れる。

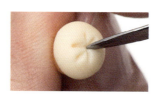

3　粘土ヘラ（**ステンレスモデラ**）で角に丸みをつけ、花形に整える。

しいたけ

材料
樹脂粘土（**グレイス**）
アクリル絵具
（**リキテックス ソフトタイプ**）
　〈a●〉イエローオキサイド
　〈b●〉トランスペアレントバーントアンバー
木工用ボンド

準備
p.27の要領で、粘土を絵具〈a●〉で薄い黄色に着色し、カラースケールCで計量する（直径6mm）。

作り方

1　着色した粘土で丸玉を作り、シュガークラフト用の細工棒などで押してくぼみを作る。

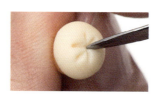

2　表側に粘土ヘラ（**ステンレスモデラ**）で縦に1本、斜めに2本、切り込みを入れ、乾燥させる。

3　着色した粘土をカラースケールB（直径5mm）で計量し、棒状にのばす。ボンドで2の裏側に貼りつけ、棒を好きな長さに切る。

4　表側に絵具〈b●〉を塗る。
切り込みの中には色をつけず、メイクチップでたたくようにして塗ると、ほどよいグラデーションができてリアルになります。

アスパラガス

グリーン　ホワイト

材料

樹脂粘土（**グレイス**）

アクリル絵具
（**リキテックス ソフトタイプ**）
　〈a●〉パーマネントサップグリーン
　〈b●〉イエローオキサイド

着色剤（**カラー粘土の達人**）
　〈ブルーベリー〉

準備

p.27の要領で、グリーンアスパラは粘土を絵具〈a●〉で黄緑に着色し、ホワイトアスパラは絵具〈b●〉で薄い黄色に着色する。ともにカラースケールDで計量する（直径7mm）。

作り方

1　着色した粘土を5cm長さの棒状にし、先端をやや太くして10分ほどおき、少し乾かす。

触って表面がさらさらになるくらいの乾燥でOK。完全に乾燥させると、はさみで切れなくなるので注意。

2　1の太くした部分にはさみで切り込みを入れ、アスパラの穂先を作る。

先端が細い粘土用のはさみを使用。少しずらしながらV字に2カ所ずつ切り込みを入れます。外側に広がってきたら手で押さえて形を整えます。

3　茎の部分にもところどころ切り込みを入れる。

4　好みの長さで切る。

5　ブルーベリーの着色剤を先端に薄く塗る。

ホワイトアスパラは塗らないでOK。

マッシュルーム

材料

樹脂粘土（**グレイス**）

アクリル絵具
（**リキテックス ソフトタイプ**）
　〈a●〉ローシェンナ
　〈b●〉トランスペアレントバーントアンバー

木工用ボンド

準備

p.27の要領で、粘土を絵具〈a●〉で薄い黄土色に着色し、カラースケールA〜Bで計量する（直径4〜5mm）。

作り方

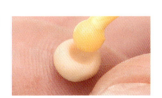

1　着色した粘土で丸玉を作り、シュガークラフト用の細工棒などで押してくぼみを作る。

2　着色した粘土をカラースケールA（直径4mm）で計量し、棒状にのばす。ボンドで1のくぼみに貼りつけ、棒を好きな長さに切る。

3　表側に絵具〈b●〉を塗る。

メイクチップでたたくようにして塗ると、ほどよいグラデーションができてリアルになります。

芽キャベツ

材料

樹脂粘土（**グレイス**）

アクリル絵具
（**リキテックス ソフトタイプ**）
〈a●〉パーマネントサップグリーン
〈b●〉イエローオキサイド

作り方

1. p.27の要領で、粘土を絵具〈a●〉、〈b●〉で着色し、濃い緑、薄い緑、クリーム色の3色を作る。
   少し色ムラがある状態でもOK。

2. クリーム色の粘土をカラースケールBで計量し（直径5mm）、楕円形にする。これが芯になる。

3. 薄い緑の粘土を直径2mmくらい取り、薄くのばして2に貼りつける。

4. 3をくり返し、周囲を覆いながら外側に重ねていく。
   7〜8枚を目安に。葉の大きさは大小あってもOKです。

5. 濃い緑の粘土も3〜4と同様にし、外側に重ねて貼り合わせる。

6. 芯の真ん中に粘土ヘラ（**ステンレスモデラ**）で筋を入れる。

7. 裏側の持ち手にしていたクリーム色の粘土をはさみで切り、指でなじませて丸く整える。

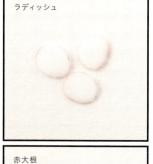

ラディッシュ
赤大根

材料

樹脂粘土（**グレイス**）

アクリル絵具
（**ターナー ジャパネスクカラー**）
〈a●〉えんじ色

準備

p.27の要領で、無着色の粘土をカラースケールHで計量する（直径1.5cm）。

作り方

粘土を4.5cm長さの棒状にし、乾燥させる。絵具〈a●〉を塗る。ラディッシュは薄い輪切りに、赤大根はスティック状に切る。

玉ねぎ
紫玉ねぎ

材料

樹脂粘土（グレイス）

アクリル絵具
（リキテックス ソフトタイプ）
　〈a●〉キナクリドンブルーバイオレット
　　　（旧アクラブルーバイオレット）

シリコーン型取り材
（シリコーンモールドメーカー）

準備

p.27の要領で、無着色の粘土をカラースケール **G** で計量する（直径1.3cm）。

作り方

1　p.28の作り方7の要領で**シリコーンモールドメーカー**の2材を混ぜ、約4.5cm長さの棒状にする。

2　計量した粘土を約5cm幅の楕円形にのばし、カッターで四方を切って長方形にする。

3　2を1に巻きつけ、乾燥させる。

4　型から粘土をはずし、紫玉ねぎは絵具〈a●〉を塗り（玉ねぎは何も塗らない）、はさみで細く切る。

ベビーリーフ

材料

樹脂粘土（グレイス）

アクリル絵具
（リキテックス ソフトタイプ）
　〈a●〉パーマネントサップグリーン

準備

p.27の要領で、粘土を絵具〈a●〉で黄緑に着色し、カラースケール **D** で計量する（直径7mm）。

作り方

1　着色した粘土を直径3cmの円形にのばす。粘土ヘラ（**ステンレスモデラ**）でベビーリーフの形に切る（2〜3枚取れる）。

2　手でカールさせて乾燥させる。
1枚1枚いろいろな角度で曲げておくと雰囲気が出ます。

サニーレタス

材料

樹脂粘土（グレイス）

アクリル絵具
（リキテックス ソフトタイプ）
　〈a●〉パーマネントサップグリーン

準備　p.27の要領で、粘土を絵具〈a●〉で黄緑に着色し、カラースケール **C** で計量する（直径6mm）。

作り方

着色した粘土をプレス器や定規でつぶす。粘土ヘラ（**ステンレスモデラ**）でしわを寄せながら形を整え、縁は切るようにしてギザギザに荒らす。乾燥させたら、全体に絵具〈a●〉を塗る。

クレソン

材料
樹脂粘土（グレイス）

アクリル絵具
（リキテックス ソフトタイプ）
〈a●〉パーマネントサップグリーン

準備
p.27の要領で、粘土を絵具〈a●〉で黄緑に着色する。

作り方

1 着色した粘土から直径4mmくらいの丸玉を取り、棒状にのばす。

2 先端にはさみで切り込みを入れる。

3 切った部分を広げ、シュガークラフト用の細工棒などでつぶす。

4 1〜3と同様にしてもう1本作り、好きな長さに調整して3に貼りつける。

5 着色した粘土で直径1〜2mmの丸玉を作り、シュガークラフト用の細工棒などでつぶす。同様にもう1枚作る。

6 5を4の茎の部分に貼りつける。

青じそ

葉飾り

青じそ 葉飾り

材料
造形用パテ
（エポキシ造形パテ〈速硬化タイプ〉）

シリコーン型取り材
（シリコーンモールドメーカー）

樹脂粘土（グレイス）

アクリル絵具
（リキテックス ソフトタイプ）
〈a●〉パーマネントサップグリーン

準備
p.27の要領で、粘土を絵具〈a●〉で黄緑や緑に着色し、カラースケールIで計量する（直径2cm）。

作り方

1 p.28の1〜3の要領で**エポキシ造形パテ**を土台の上に広げたら、粘土ヘラ（**ステンレスモデラ**）で葉っぱの形を描き、余分なパテを取り除く。

2 青じそは粘土ヘラ（**ステンレスモデラ**）で縁に切り込みを入れる。

トマト

材料
樹脂粘土（**グレイス**）

アクリル絵具
（**リキテックス ソフトタイプ**）
〈a●〉カドミウムレッドミディアム
〈b●〉イエローオキサイド

UVレジン（**太陽の雫 ハードタイプ**）

UVレジン用着色剤（**宝石の雫**）
〈イエロー〉〈グリーン〉

準備
p.27の要領で、実は粘土を絵具〈a●〉で赤に着色し、種は絵具〈b●〉で薄い黄色に着色する。

作り方

1 赤に着色した粘土で直径5〜6mmの丸玉を作り、指でつまんでくし形に整える。
輪切りは円形にし、指でつまんで縁を立てます。

2 粘土ヘラ（**ステンレスモデラ**）で押さえ、内側にくぼみを作る。

3 皮の部分に絵具〈a●〉を塗る。

4 薄い黄色に着色した粘土で直径約1mmの丸玉を作り、細長い棒状にのばす。乾燥させ、カッターで細かく切って種を作る。

5 UVレジンにイエローとグリーンの着色剤を混ぜて薄い黄緑に着色し、2のくぼみの中に入れる。
フックに両面テープを巻きつけた台（p.70）の上にのせると作業しやすいです。

6 4の種を中に入れ、UVライトにあててかためる。

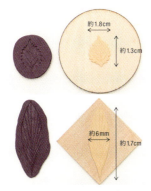

3 粘土ヘラ（**ステンレスモデラ**）で葉脈を描いて原型を作り、p.28〜29の7〜9の要領で**シリコーンモールドメーカー**をかぶせて硬化させ、型を作る。

4 着色した粘土を型に詰め、型から出す。
粘土の量が多ければ指ですり切り、少なければ粘土を足して平らに整えます。

かいわれ大根

材料
樹脂粘土（**グレイス**）

アクリル絵具
（**リキテックス ソフトタイプ**）
〈a●〉パーマネント
　　　サップグリーン

作り方

無着色の粘土で、前ページのクレソンの作り方1〜3と同様に作る。好きな長さで切り、絵具〈a●〉を塗る。
先端は濃く、下は薄く塗り、グラデーションを作ります。

ひじきの煮物

材料

カラー粘土（グレイスカラー ブラック）

樹脂粘土（グレイス）

アクリル絵具
（リキテックス ソフトタイプ）
〈a●〉イエローオキサイド
〈b●〉パーマネントサップグリーン

せん切りのにんじん（p.44）

UVレジン（太陽の雫 ハードタイプ）

準備

p.27の要領で、下記のように着色する。
大豆：粘土を絵具〈a●〉で薄い黄色に着色する。
枝豆：粘土を絵具〈b●〉で黄緑に着色する。
油揚げ：粘土を絵具〈a●〉で薄い黄色に着色し、カラースケールBで計量する（直径5mm）。

作り方

1 油揚げを作る。着色した粘土を1.5cm×8mmの長方形にのばし、歯ブラシをあてて質感をつける。

2 ギャザーを寄せ、乾燥させる。

3 表面のところどころに絵具〈a●〉を塗り、カッターで細長く切る。

4 ひじきは黒のカラー粘土を6mm〜1cm長さにのばし、にんじんも同じくらいの長さで用意する。大豆と枝豆は着色した粘土で直径2mmくらいの楕円粒を作る。

5 UVレジンをかけて粘土ヘラ（**ステンレスモデラ**）で全体をあえ、楊枝で形を整える。UVライトにあててかためる。

きんぴらごぼう

材料

工作用などの木材

せん切りのにんじん（p.44）

アクリル絵具
（リキテックス ソフトタイプ）
〈a●〉トランスペアレント
　　　バーントアンバー

UVレジン（太陽の雫 ハードタイプ）

作り方

1 木材を彫刻刀で細く削り（8mm〜1.2cm長さ）、絵具〈a●〉を筆でたたくようにして塗る。
全体に色をつけず、まだらな状態でOK。

2 **1**とにんじんのパーツを用意し（6mm〜1cm長さ）、UVレジンをつけて全体をあえ、形を整える。UVライトにあててかためる。

がんも

材料
樹脂粘土（グレイス）
アクリル絵具
（リキテックス ソフトタイプ）
〈a●〉イエローオキサイド

ひじき（p.50）
せん切りのにんじん（p.44）

準備
p.27の要領で、粘土を絵具〈a●〉で薄い黄色に着色し、丸形はカラースケールC（直径6mm）、俵形はB（直径5mm）で計量する。

作り方

1 ひじきとにんじんのパーツをカッターで細かく切る。

2 着色した粘土に1のパーツを混ぜ合わせる。

3 丸形か俵形に形を整え、ピンセットでつまみ、しわを寄せる。

漬物

材料
樹脂粘土（グレイス）
アクリル絵具
（リキテックス ソフトタイプ）
〈a●〉イエローオキサイド
〈b●〉パーマネントサップグリーン
〈c●〉リキテックスイエロー

アクリル絵具
（ターナー ジャパネスクカラー）
〈d●〉えんじ色

着色剤（カラー粘土の達人）
〈ブルーベリー〉

準備
p.27の要領で、粘土を次のように着色し、計量する。**きゅうり、なす**：絵具〈a●〉で薄い黄色に着色し、カラースケールFで計量する（直径1cm）。**柴漬け**：絵具〈d●〉で紫色に着色し、カラースケールDで計量する（直径7mm）。**梅干し**：絵具〈d●〉でえんじ色に着色し、直径2mmの丸玉を作る。**たくあん**：絵具〈c●〉で黄色に着色し、カラースケールGで計量する（直径1.3cm）。

梅干し

丸玉をピンセットでつまんでしわを寄せる。

たくあん

着色した粘土を5cm長さの棒状にのばし、ピンセットでつまんでしわを寄せる。カッターで薄切りにする。

作り方

きゅうり・なす・柴漬け

1 着色した粘土を3.5cm長さの棒状にのばし、ピンセットでつまんでしわを寄せる。
きれいな棒ではなく、少しいびつな形にします（柴漬けはやや細めにする）。

2 きゅうりは絵具〈b●〉、なすはブルーベリー色の着色剤、柴漬けは〈d●〉を塗る。
線を描くように塗り、ムラがあって地色が見えてもOK。

3 カッターで斜め薄切りか輪切りにし、きゅうりとなすは表面のところどころに絵具〈a●〉を塗る。
漬物の味がしみた質感を出します。

スティックきゅうり

きゅうりの漬物の作り方1〜2のあと、カッターでスティック状に切る。

さけ

作り方

材料

樹脂粘土（グレイス）

アクリル絵具
（**リキテックス ソフトタイプ**）
- 〈a●〉ビビッドレッドオレンジ
- 〈b●〉カドミウムレッドミディアム
- 〈c○〉ブライトシルバー
- 〈d●〉ウルトラマリンブルー
- 〈e●〉アイボリーブラック
- 〈f●〉トランスペアレントバーントシェンナ
- 〈g●〉トランスペアレントバーントアンバー

準備

p.27の要領で、粘土を絵具〈a●〉、〈b●〉でピンクに着色し、カラースケールHで計量する（直径1.5cm）。

1 着色した粘土を楕円形にのばし、粘土ヘラ（**ステンレスモデラ**）でさけの形を描き、余分な粘土を取り除く。

2 皮の部分に歯ブラシをあてて質感をつける。

3 粘土ヘラ（**ステンレスモデラ**）で皮と身の境目に筋を入れる。

4 背側と腹側に分けて表面に粘土ヘラ（**ステンレスモデラ**）で筋を入れ、乾燥させる。

5 絵具〈c○〉、〈d●〉を適当に混ぜながら、皮に塗る。

メイクチップでたたくようにして塗ると、ほどよいグラデーションができてリアルになります。

6 絵具〈c○〉、〈e●〉を適当に混ぜながら、重ね塗りをする。

メイクチップは洗わずに色を重ねてOK。

7 絵具〈e●〉で背側と腹側の境目に色を塗り、血合いを表現する。

8 絵具〈f●〉、〈g●〉を適当に混ぜながら、皮と表面のところどころに焼き色をつける。

さば

材料

樹脂粘土（グレイス）

アクリル絵具
（リキテックス ソフトタイプ）
- 〈a 〉パールホワイト
- 〈b●〉ブライトシルバー
- 〈c●〉ウルトラマリンブルー
- 〈d●〉アイボリーブラック
- 〈e●〉トランスペアレントバーントシェンナ
- 〈f●〉トランスペアレントバーントアンバー

準備

p.27の要領で、粘土をカラースケールHで計量する（直径1.5cm）。

作り方

1 粘土を楕円形にのばし、粘土ヘラ（**ステンレスモデラ**）でさばの形を描き、余分な粘土を取り除く。

2 腹の部分を指で押さえて少しへこませる。

3 楊枝で頭と尻尾の先をつついてボソボソさせる。

4 背の部分はピンセットでつまんで皮の質感を出し、乾燥させる。

5 全体を絵具〈a 〉で塗る。
メイクチップでたたくようにして塗ると、ほどよいグラデーションができてリアルになります。

6 絵具〈b●〉、〈c●〉を適当に混ぜながら、皮の部分を塗る。

7 絵具〈b●〉、〈d●〉を適当に混ぜながら、重ね塗りをする。
メイクチップは洗わずに色を重ねてOK。

8 細筆に絵具〈d●〉をつけ、皮の部分に波線を描く。

9 絵具〈e●〉、〈f●〉を適当に混ぜながら、表面のところどころに焼き色をつける。

サーモン

材料

樹脂粘土（グレイス）

アクリル絵具
（リキテックス ソフトタイプ）
　〈a●〉ビビッドレッドオレンジ
　〈b●〉カドミウムレッドミディアム

準備

p.27の要領で、粘土を絵具〈a●〉、〈b●〉でピンクに着色し、カラースケールEで計量する（直径8mm）。

作り方

P.52のさけの作り方1と同様にしてサーモンの形を作り、粘土ヘラ（ステンレスモデラ）で筋を描く。

定規などの上に置くと、手で持って定規ごと向きを変えながら作業できます。

ゆで卵
煮卵

材料

シリコーン型取り材
（シリコーンモールドメーカー）

樹脂粘土（グレイス）

アクリル絵具
（リキテックス ソフトタイプ）
　〈a○〉チタニウムホワイト
　〈b●〉ローシェンナ
　〈c●〉ビビッドレッドオレンジ

UVレジン（太陽の雫 ハードタイプ）

準備

p.27の要領で、ゆで卵は粘土に絵具〈a○〉を混ぜ、煮卵は絵具〈b●〉で薄い黄土色に着色する。ともにカラースケールD〜Eで計量する（直径7〜8mm）。

作り方

1 シリコーンモールドメーカーで直径3〜4mmの丸玉を作る。

2 着色した粘土で1を包み、乾燥させる。

3 カッターで半分に切り、楊枝で中の**シリコーンモールドメーカー**を取り出す。

4 粘土に絵具〈c●〉を混ぜて黄身の色を作り、UVレジンとあえ、ゆるめる。

5 3の中に4を入れる。

6 表面は平らにせず、粘土ヘラ（**ステンレスモデラ**）でさわって凹凸を作る。UVライトにあててかためる。

ローストビーフ

材料

樹脂粘土（グレイス）

アクリル絵具
（リキテックス ソフトタイプ）
　〈a●〉トランスペアレント
　　　　バーントシェンナ
　〈b●〉カドミウムレッドミディアム
　〈c●〉トランスペアレント
　　　　バーントアンバー

ニス（つやあり）

準備

p.27の要領で、粘土を絵具〈a●〉、〈b●〉でピンクに着色し（内側用）、カラースケールIで計量する（直径2cm）。粘土を絵具〈c●〉で薄い茶色に着色し（外側用）、カラースケールIIで計量する（直径1.5cm）。

作り方

1　内側用の粘土をカラースケールDで計量し（直径7mm）、約4cm長さにのばす。残りも同様にする（約20本できる）。

2　ニスに絵具〈b●〉を混ぜ合わせ、油脂部分を作る。

3　1の粘土を4本並べて2を塗り、上に再び1の粘土を4本重ねる。

4　3をくり返し、ブロック状になるように上に重ねていく。

5　外側用の粘土を手でのばし、直径約5cmの円形にする。

6　5で4を包み、歯ブラシをあてて質感を強めにつける。
内側の粘土が完全に隠れるようにしっかり貼りつけます。

7　絵具〈a●〉、〈c●〉を塗って焼き色をつける。乾燥したら裏面も同様に塗る。
絵具〈a●〉をベースに、〈c●〉をところどころに塗って焦げ色を表現。

8　カッターで薄く切る。
カッターにオイルを塗ると粘土がくっつかず、切りやすくなります。

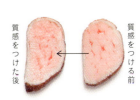

9　断面に歯ブラシをあて、油脂（ニスの部分）をなじませて質感をつける。

パストラミビーフ

材料

樹脂粘土（グレイス）

アクリル絵具
（リキテックス ソフトタイプ）
　〈a●〉パーマネントアリザリン
　　　　クリムソンヒュー
　〈b●〉トランスペアレント
　　　　バーントシェンナ
　〈c●〉トランスペアレント
　　　　バーントアンバー

木工用ボンド

Rストーン

準備

p.27の要領で、粘土を絵具〈a●〉で薄いピンクに着色し、カラースケールIで計量する（直径2cm）。無着色の粘土をカラースケールGで計量する（直径1.3cm）。

作り方

1　ピンクの粘土、無着色の粘土をそれぞれ2等分にし、約2cm長さにのばす。

2　2色を交互に並べ、のばしながらマーブル状に混ぜ、約4cm長さに整える。

3　上面に歯ブラシをあて、質感をつける。

4　カッターで薄く切る。
カッターにオイルを塗ると粘土がくっつかず、切りやすくなります。

5　断面の上側と縁に絵具〈b●〉、〈c●〉を塗って焼き色をつける。
絵具〈b●〉をベースに、〈c●〉をところどころに塗って焦げ色を表現。

6　縁にボンドを塗り、Rストーンを貼りつける。

7　乾燥したらRストーンに絵具〈c●〉を塗る。

Rストーン（モーリン）

ジオラマ模型などに使われる砂状の素材。粒の大きさや色などいろいろな種類があり、ここでは**No.456バラスト 1/87 ローカル**を使用。

ハム

材料

樹脂粘土（グレイス）

アクリル絵具（リキテックス ソフトタイプ）
　〈a●〉カドミウムレッドミディアム

カラー粘土（グレイスカラー ホワイト）

準備

p.27の要領で、粘土を絵具〈a●〉でピンクに着色する。

ハンバーグ

材料　樹脂粘土（**グレイス**）
　　　アクリル絵具
　　　（**リキテックス ソフトタイプ**）
　　　　〈a●〉トランスペアレント
　　　　　　　バーントアンバー
　　　　〈b●〉トランスペアレント
　　　　　　　バーントシェンナ

準備　p.27の要領で、粘土を絵具〈a●〉で茶色に着色し、カラースケールGで計量する（直径1.3cm）。

作り方

1　着色した粘土を指で平らにつぶし、真ん中を少しへこませて小判形に整える。

2　表面を少し乾燥させ、粘土ヘラ（**ステンレスモデラ**）で引っかいて表面に質感をつける。乾燥させる。

3　絵具〈a●〉、〈b●〉を塗り、焼き色をつける。
2色を混ぜ合わせるのではなく、筆に交互につけながらラフに塗るのがコツ。盛り上がっている部分を濃く塗り、濃淡をつけるとリアルに仕上がります。

カマンベールチーズ

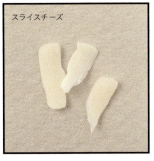

スライスチーズ

カマンベールチーズ
スライスチーズ

材料　樹脂粘土（**グレイス**）
　　　アクリル絵具
　　　（**リキテックス ソフトタイプ**）
　　　　〈a●〉イエローオキサイド
　　　　〈b○〉チタニウムホワイト

準備　p.27の要領で、粘土を絵具〈a●〉で薄い黄色に着色し、カラースケールEで計量する（直径8mm）。

作り方

1　着色した粘土で三角形のチーズの形をつくり、粘土ヘラ（**ステンレスモデラ**）で上面に軽く筋を入れ、乾燥させる。

2　絵具〈b○〉をたたくようにして軽く塗る。

3　スライスチーズを作る場合は、2をカッターで薄く切る。

作り方　1

ピンクの粘土と白い粘土を2：1の割合で用意し、軽く混ぜてマーブル状にする。

2

1の粘土から1枚あたり直径3〜4mmを取り、定規などで薄くつぶす。カールをつけ、乾燥させる。

サラミ

材料

樹脂粘土（グレイス）

アクリル絵具
（リキテックス ソフトタイプ）
〈a●〉パーマネントアリザリン
　　　クリムソンヒュー

準備

p.27の要領で、粘土を絵具〈a●〉で濃いピンクに着色し、カラースケールGで計量する（直径1.3cm）。無着色の粘土をカラースケールEで計量する（直径8mm）。

作り方

1 無着色の粘土をカラースケールB（直径5mm）に詰めて取り分け、それぞれ4〜5cm長さにのばす（5〜6本できる）。

3 はみ出た粘土を切り、歯ブラシをあてて質感をつけ、乾燥させる。

4 表面に絵具〈a●〉を塗り、乾いたらカッターで輪切りにする。
カッターにオイルを塗ると粘土がくっつかず、切りやすくなります。

2 着色した粘土を広げ、手前に1を2本くらいのせ、ひと巻きする。残りの1を1〜2本ずつのせながら巻いていく。

大根おろし

材料

UVレジン
（太陽の雫 ハードタイプ）
シーナリーパウダー（p.60）

作り方

UVレジンとシーナリーパウダーを混ぜ、器に盛り、UVライトにあててかためる。

クルトン

| 材料 | 樹脂粘土（**グレイス**）
アクリル絵具
（**リキテックス ソフトタイプ**）
〈a●〉イエローオキサイド
〈b●〉ローシェンナ | 準備 | p.27の要領で、粘土を絵具〈a●〉で薄い黄色に着色する。 |

作り方

1 着色した粘土で直径約1cmの丸玉を作り、平らにつぶして乾燥させる。両面に絵具〈b●〉を塗る。

2 絵具が乾いたら、カッターで切り、断面を削って荒らし、小さく切る。

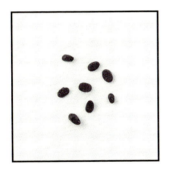

黒ごま

| 材料 | カラー粘土（**グレイスカラー ブラック**） |

作り方

黒のカラー粘土を針のように細長くのばし、乾燥させる。デザインナイフで斜めに小さく切る。

黒こしょう

| 材料 | カラー粘土（**グレイスカラー ブラウン**） |

作り方　ブラウンのカラー粘土を適当な大きさに丸めて平らにつぶし、乾燥させる。粘土ヘラ（**ステンレスモデラ**）やカッターで細かく削る。

ハッシュドビーフ

シーナリーパウダー

模型用のパウダー。UVレジンでスープやソースなどを作るときに混ぜると、独特なとろみやざらつきが出てリアルな質感になる。

材料
樹脂粘土（**グレイス**）
アクリル絵具（**リキテックス ソフトタイプ**）
〈a●〉トランスペアレント バーントアンバー
UVレジン（**太陽の雫 ハードタイプ**）
UVレジン用着色剤（**宝石の雫**）
〈レッド〉〈オレンジ〉〈ブラウン〉
シーナリーパウダー

準備 p.27の要領で、粘土を絵具〈a●〉で茶色に着色し、カラースケールBで計量する（直径5mm）。

作り方

1 着色した粘土を小さくちぎって指でアバウトに薄くのばし、薄切りの牛肉を作る。

2 UVレジンに着色剤とシーナリーパウダーを混ぜ、ソースを作る。1の肉とあえる。UVライトにあててかためる。

着色剤は様子を見ながら少しずつ加え、好みの色に仕上げてください。

コーンスープ

じゃがいものポタージュ

かぼちゃのポタージュ

コンソメスープ・だし汁

スープ

材料
UVレジン（**太陽の雫 ハードタイプ**）
UVレジン用着色剤（**宝石の雫**）
※色は作り方参照
シーナリーパウダー

コーンスープ

〈イエロー〉＋〈ホワイト〉

じゃがいものポタージュ

〈イエロー〉（少々）＋〈ホワイト〉、シーナリーパウダー

かぼちゃのポタージュ

〈オレンジ〉＋〈イエロー〉＋〈ホワイト〉、シーナリーパウダー

コンソメスープ・だし汁

〈イエロー〉＋〈ブラウン〉

作り方

1 UVレジンに着色剤を少しずつ混ぜ、好みの色を作る。ポタージュは色を作ったら、シーナリーパウダーを混ぜ、とろみをつける。

2 カップの1/3くらいまで注ぎ、UVライトにあててかためる。同様にしてあと2回くり返す。

UVレジンを一度に注ぐと硬化不良の原因になるので、3回くらいに分けてかためます。

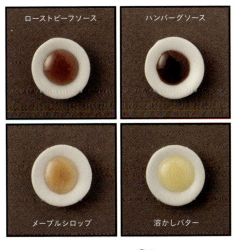

ソース類

材料

UVレジン
（**太陽の雫 ハードタイプ**）

UVレジン用着色剤
（**宝石の雫**）
※色は作り方参照

作り方

UVレジンに着色剤を少しずつ混ぜ、好みの色を作る。UVライトにあててかためる。

ローストビーフソース
ハンバーグソース
〈レッド〉＋〈オレンジ〉＋〈ブラウン〉
※ハンバーグソースはローストビーフソースよりも濃い茶色に。

メープルシロップ
〈オレンジ〉＋〈ブラウン〉

溶かしバター
〈イエロー〉＋〈ホワイト〉

クリーム類

材料

樹脂粘土（グレイス）

アクリル絵具
（**リキテックス ソフトタイプ**）
〈a○〉チタニウムホワイト
〈b●〉イエローオキサイド
〈c●〉アイボリーブラック
〈d●〉トランスペアレントバーントアンバー

木工用ボンド

作り方

粘土とボンド、絵具を混ぜ合わせ、好みの色を作る。

溶かしチーズ・クロテッドクリーム
絵具〈a○〉＋〈b●〉
※クロテッドクリームの方を白くする。

アンチョビディップ
絵具〈a○〉＋〈b●〉＋〈c●〉＋〈d●〉

ジャム フルーツソース

材料
UVレジン（太陽の雫 ハードタイプ）

UVレジン用着色剤（宝石の雫）
〈レッド〉〈シアン〉

着色剤（カラー粘土の達人）
〈ブルーベリー〉

作り方

1 UVレジンに着色剤を少しずつ混ぜ、好みの色を作る。

〈レッド〉＋ **カラー粘土の達人**〈ブルーベリー〉

〈レッド〉＋〈シアン〉

2 器に注ぎ、UVライトにあててかためる。ジャムは途中で取り出し、完全に硬化する前に楊枝でかき混ぜ、質感を出す。再びライトにあてて完全にかためる。

COLUMN
ワンプレートに添えるドリンク

スープと同じ要領で、ドリンクを作ることもできます。

アイスコーヒー

※グラスは p.68 グラスの型、ストローは「**テイクアウトカップフタ＆ストロー 立体型**」、氷は「**ソーダグラス＆氷 立体型**」（ともに日清アソシエイツ）を使い、p.71 の要領で作ったもの。

材料
UVレジン
（**太陽の雫 ハードタイプ**）

UVレジン用着色剤
（**宝石の雫**）
〈レッド〉
〈ブラウン〉
〈オレンジ〉

UVレジンに着色剤を少しずつ混ぜ、好みの色を作る。氷、ストローとともにグラスに3〜4回に分けて注ぎ、そのつどUVライトにあててかためる。

りんご

作り方

3 表面に絵具〈a●〉を塗り、皮の部分を作る。
割り箸に厚手の両面テープを貼って作業台を作り、上にのせると着色しやすいです。線を描くようにしてラフに塗ります。

1 カラースケールの「F」のくぼみにオイルを塗り、着色した粘土を詰める。
オイルを塗っておくと、粘土がくっつかず、きれいに取り出しやすくなります。

材料
樹脂粘土（**グレイス**）
アクリル塗料（**デコレーションカラー**）
〈レモンシロップ〉
アクリル絵具
（**リキテックス ソフトタイプ**）
〈a●〉カドミウムレッドミディアム

準備
p.27の要領で、粘土をレモンシロップの塗料で薄い黄色に着色する。

2 くぼみから粘土を取り出し、乾燥させる。

4 カッターで薄くスライスし、中央をくの字に切り、くし形にする。

バナナ

作り方

1 着色した粘土を4cm長さの棒状にのばし、粘土ヘラ（**ステンレスモデラ**）で細かく筋を入れて乾燥させる。

3 絵具〈a●〉を極細の筆につけ、中心から放射状に細かく線を描く。

材料
樹脂粘土（**グレイス**）
アクリル絵具（**リキテックス ソフトタイプ**）
〈a●〉イエローオキサイド
〈b●〉トランスペアレントバーントアンバー

準備
p.27の要領で、粘土を絵具〈a●〉で薄い黄色に着色し、カラースケールGで計量する（直径1.3cm）。

2 カッターで切る。

4 絵具〈b●〉を極細の筆につけ、中心に種を描く。

いちご

材料

樹脂粘土（グレイス）
アクリル塗料（デコレーションカラー）
〈いちごシロップ〉

作り方

1 粘土で直径5〜6mmの丸玉を作り、楊枝に刺す。指で先端をつまみ、いちごの形を作る。

2 楊枝を刺して穴をあけ、種の模様を描く。乾燥させる。

3 デコレーションカラー〈いちごシロップ〉を全体に塗る。

4 完成。乾燥したらカッターで好みの大きさに切る。

ブルーベリー

材料 樹脂粘土（グレイス）
カラー粘土（グレイスカラー レッド、ブルー）

準備 p.27の要領で、直径1cmの**グレイス**に、直径8mmの**グレイスカラー**（レッド）と直径1cmの（ブルー）を混ぜて紫に着色する。

作り方

着色した粘土で直径2〜3mmの丸玉を作り、中央を楊枝で引っかいてくぼみを作る。乾燥させる。

キウイ

材料

粘土（**すけるくん**）

カラー粘土（**グレイスカラー ホワイト**）
　※カラー粘土の代わりに、
　　樹脂粘土（**グレイス**）に
　　白い絵具を混ぜたものでもOK。

アクリル塗料（**デコレーションカラー**）
　〈レモンシロップ〉〈ブルーハワイ〉

アクリル絵具
（**リキテックス ソフトタイプ**）
　〈a●〉アイボリーブラック
　〈b○〉チタニウムホワイト
　〈c●〉トランスペアレント
　　　　バーントアンバー

木工用ボンド

シーナリーパウダー（p.60）

準備

p.27の要領で、粘土をレモンシロップとブルーハワイの塗料で薄い黄緑に着色し、カラースケール**E**で計量する（直径8mm）。
すけるくんは乾燥すると色が濃くなるので注意。イメージよりも薄めに着色します。

作り方

1　着色した粘土で楕円を作り、半日くらいおいて半乾きにする。

2　カッターで半分に切る。
縦に切るか、横に切るかは好みで選んでください。

3　シュガークラフト用の細工棒などで中央にくぼみを作り、乾燥させる。
完全に乾燥させると、くぼみを作れないので半乾きのときに行います。

4　白いカラー粘土を3のくぼみに詰める。

5　絵具〈a●〉を極細の筆につけ、白い粘土の周りに種を描く。

6　レモンシロップとブルーハワイの塗料を混ぜ、種の上に色を塗る。
スライスで使う場合は、裏面をカットして平らにします。

皮つきの場合

7　絵具〈b○〉を裏面に塗る。
割り箸に厚手の両面テープを貼って作業台を作り、上にのせると着色しやすいです。透け感が出てしまうので最初に白い絵具を塗ります。

8　上からボンドを塗り、シーナリーパウダーを筆で全体にまぶし、乾燥させる。

9　絵具〈c●〉を全体に塗る。
ボンドとシーナリーパウダーで膜を作ってから着色すると、皮のざらつきが表現できます。

オレンジ

グレープフルーツ

オレンジ グレープフルーツ

材料
粘土（**すけるくん**）

アクリル塗料
（**デコレーションカラー**）
〈オレンジシロップ〉
〈レモンシロップ〉

準備
p.27の要領で、粘土を着色する。オレンジはオレンジシロップの塗料で薄いオレンジに、グレープフルーツはレモンシロップの塗料で薄い黄色に着色する。ともにカラースケール**B**で計量する（直径5mm）。すけるくんは乾燥すると色が濃くなるので注意。イメージよりも薄めに着色します。

作り方

着色した粘土で房の形を作り、粘土ヘラ（**ステンレスモデラ**）で細かく筋を入れる。

ドライクランベリー

材料
粘土（**すけるくん**）

エナメル塗料
（**タミヤカラー エナメル X-27**）
〈クリヤーレッド〉

準備
p.27の要領で、粘土をクリヤーレッドの塗料でピンクに着色する。すけるくんは乾燥すると色が濃くなるので注意。イメージよりも薄めに着色します。透明感を出すためクリヤータイプの塗料を使用。

タミヤカラー エナメル X-27（タミヤ）
なめらかでムラが出にくく、つやのある塗料。

作り方

1 着色した粘土で直径4mmの丸玉を作り、楕円につぶし、ピンセットでつまんでひだを寄せる。乾燥させる。

2 好みの大きさに手でちぎるか、カッターで切る。

飾りチョコ

材料
カラー粘土
（**グレイスカラー ブラウン**）

樹脂粘土（**グレイス**）

アクリル絵具
（**リキテックス ソフトタイプ**）
〈a●〉イエローオキサイド
〈b○〉チタニウムホワイト

準備
p.27の要領で、チョコレートは直径1.8cmの**グレイス**に直径8mmの**グレイスカラー**（ブラウン）を混ぜて焦げ茶に着色し、ホワイトチョコレートは**グレイス**に絵具〈a●〉、〈b○〉を混ぜてクリーム色に着色する。ともにカラースケール**F**で計量し（直径1cm）、約4cm長さの棒状にのばす。定規などで平らにつぶし、カッターで細く切る。

作り方

細く切った粘土を楊枝に巻きつけ、乾燥したら取りはずす。両端は切り落とし、好みの長さに切る。

食器の作り方

本書の作品で使用した食器はすべて手作りです。
粘土で陶器風、UVレジンでガラス風、木のパーツを削って皿やカトラリーに。
型を使えば、手軽に作ることができます。

用意するもの

食器作りに使う材料と道具、型を紹介します。作りたいものに合わせて用意してください。

<主な材料と道具>

石粉粘土（マイネッタ）
（日清アソシエイツ）

石粉を原料とした粘土。薄くのびて成形しやすく、陶器風の仕上がりに。乾燥後は優れた強度を保つ。

ジュエリー UVレジン LEDプラス
（日清アソシエイツ）

厚みのある立体的な型に入れても一度で硬化できる。付属の専用みがき液でみがくことで、透明感が出る。

工作用などの木材

ホームセンターなどで購入できる。本書は丸い木のパーツ（直径5cm）を彫刻刀で削ってプレートに。

UVレジンを使うときは、手につかないようにビニール手袋をして作業しましょう。

ビニール手袋

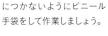

やすり

食器作りの仕上げや木のスプーン作りに。棒やすりは金属製やネイル用などよく削れるものを。紙やすりは目の粗い順に100番、180番、400番を使用。

<型>

＊型の購入は日清アソシエイツWEBサイト内の特設ページでご確認ください。 http://nisshin-nendo.hobby.life.co.jp/book/2/

平皿 (a)～(d)
カフェプレート 立体型（大）
直径6cm / 1500円

ボウル (i)
ボウル 立体型
直径1.3cm、直径2cm / 980円
（p.19は直径2cm、p.21は直径1.3cmを使用）

デザートボウル (l)
デザートボウル 立体型
直径2.7cm / 980円

ココット (j)
ココット 立体型
直径5mm、直径1cm、直径1.2cm / 980円
（p.15、p.23は直径1.2cmを使用）

カップ (k)
カフェラテカップ 立体型
8mm×1.1cm、1.6cm×2.1cm、1.8cm×2.4cm / 1100円
（p.12、p.13、p.24は1.6cm×2.1cm、p.16は1.8cm×2.4cmを使用）

グラス (o)
カフェグラス レギュラー 立体型
直径7mm×7mm、直径1.4cm×1.4cm、直径1.6cm×1.7cm / 1200円
（p.15は直径1.4cm×1.4cm、p.62は直径1.6cm×1.7cmを使用）

＊カップ (m)(n) はカプチーノカップ 立体型（7mm×1cm×7mm、9mm×2.1cm×1.1cm、1.2cm×2.1cm×1.2cm / 1000円）。p.22は9mm×2.1cm×1.1cmを使用。

基本の作り方 A （粘土を使う場合）

粘土を型に詰めるだけで、陶器風の器が作れます。
口や粗うか違うよりなりあようてなめらかな仕上がりに。

材料

石粉粘土（マイネッタ）

石粉粘土がかたい場合、袋ごとお湯に入れておくと柔らかくなり、成形しやすくなります。

作り方

平皿

1

石粉粘土を広げて型に詰め、乾燥させる。

2

型からはずす。

3

縁や表面にやすりをかけ、きれいに整える。表面は目が粗いものから細かいものへと段階をつけて（100番 → 180番 → 400番）かけると、つるつるに仕上がる。

ボウルやカップなど、ふたをする型

1

石粉粘土を型に詰める。

2

ふたの裏側にオイルを塗る。
オイルを塗っておくと粘土がくっつかず、はずしやすくなります。

3

しっかり密着させる。

4

ふたをはずして乾燥させる。型からはずし、平皿の作り方 3 と同様にやすりをかける。

色をつける方法

食器に色をつけるときは、粘土を着色する方法と、絵具で色を塗る方法があります。
どちらかの方法を選び、好みの色を作ってみてください。

粘土を着色する

p.27の要領で、石粉粘土にアクリル絵具を混ぜて好みの色に着色する。以降は**基本の作り方A**（p.69）と同じ。
石粉粘土は乾燥すると色あせるので、作りたい色よりも濃いめに仕上げます。

平皿 b
(p.67)

アクリル絵具（**リキテックス ソフトタイプ**）〈カドミウムイエローディープヒュー〉を混ぜ、クリーム色に着色。

平皿 c
(p.67)

アクリル絵具（**リキテックス ソフトタイプ**）〈アイボリーブラック〉を混ぜ、グレーに着色。完全に混ぜきらず、マーブル状にする。

皿に絵具を塗る

1

フックに両面テープを巻きつけ、作業台を作る。

2

基本の作り方A（p.69）で器を作って**1**の上にのせ、好きな色のアクリル絵具を全体に塗る。
幅広の筆を使うと作業しやすいです。

平皿 d
(p.67)

アクリル絵具（**リキテックス ソフトタイプ**）〈アイボリーブラック〉で黒に着色。

3

絵具が乾いたら、UVレジンコートを全体に塗ってコーティングする。

UVレジンコート
（日清アソシエイツ）

コーティング用のUVレジン。つやを出すため、仕上げに塗るとよい。液だれしにくく、耐水性があり、傷や汚れに強い。

TABLEWARE

基本の作り方 B （UVレジンを使う場合）

UVレジンを型に流し込めば、ガラス風の器やグラスが作れます。
気泡が出て面倒なところが、きれいに仕上げるポイントです。

材料 UVレジン（ジュエリーUVレジン LEDプラス）
みがき液（専用みがき液）

UVレジンが手につくとアレルギー反応が出る方もいるので、作業をするときは、必ずビニール手袋をしましょう（写真では省略しています）。

作り方 ＊カップの型を使用

1
型を組み立て、輪ゴムで巻いてしっかり固定する。

2
UVレジンを上から2/3くらいまで入れる。

3
気泡を粘土ヘラ（**ステンレスモデラ**）ですくい取る。
気泡をしっかり取るときれいに仕上がります。

4
ふたの裏側にUVレジンを塗る（直接絞り出すか筆で塗り広げる）。
UVレジンと触れる部分に塗っておくことで、型を合わせたときに気泡ができるのを防ぐことができます。

5
4のふたをのせ、上からゆっくり押す。
中のUVレジンがあふれるので、下にカットしたクリアファイルやシリコンマットを敷いておくとよいでしょう。

6
UVライトにあててかためる。
2〜3分でかたまります。長くあてすぎると黄ばんでしまうので注意。

7
バリ（はみ出た部分）を手で取り、細かい部分はニッパーで切る。

8
底や縁などにやすりをかけ、なめらかに整える。

9
専用みがき液を布につけ、表面をみがく。
みがき液でみがくと、ガラスのようなつやが出てきます。

木のプレート

木の器は盛りつけると温かみのある雰囲気になります。
丸いパーツを彫刻刀で削り、2種のプレートを作りました。

材料
工作用などの木材

**彫刻刀
コンパス**

彫刻刀は丸刀を使用。コンパスは円を描いて印をつけるときに。

作り方

平皿e（リム皿） (p.67)

1

丸い木のパーツの中心に印をつけ、縁を少し残してコンパスで円を描く。

2

1の線に沿ってデザインナイフで切り込みを入れる。

3

1の線の内側を彫刻刀で削る。
あとでやすりをかけるので、あまり深く削らないように注意。

4

削った部分に粗い（100番）やすりをかけ、削り目がなくなるまでなめらかに整える。

平皿f（削り目皿） (p.67)

1

丸い木のパーツの表面を彫刻刀（丸刀）で削り、ランダムに削り目をつける。

木のカトラリー

割り箸や楊枝を使って小さなスプーンや箸が作れます。
よく削れるやすりを用意しましょう。

材料

[スプーン]
割り箸

[箸、箸置き]
楊枝
工作用などの木材

**割り箸、楊枝
木の破片**

割り箸はコンビニなどでもらえる普通のものでOK。楊枝は箸に、木の破片は箸置きを作るときに使用。

小型電動ルーター

木材を削ることができるペンタイプの工具。木のスプーンを作るときにあると便利。なければよく削れる彫刻刀で代用可。

作り方

[スプーン]

1

割り箸に鉛筆でスプーンの絵を描く。

2

1の下書きに合わせ、外側の余分なところをやすりで削る。

3

さらにやすりで削り、すくう部分を持ち手部分より少し低くする。

4

小型電動ルーター（または彫刻刀）で中をくり抜く。

5

裏側をやすりで削って丸みをつけ、横も削って持ち手部分の形を整える。

6

やすりをかけ、好みの長さで切り取る。

木のカトラリー

7

やすりで好みの形に整える。

8

出来上がり。

箸

楊枝にやすりをかけ、丸みをなくして平らにする。

箸置き
木の破片をカッターで好きな大きさに切る。

市販品を食器に活用

フライパンやカッティングボードは市販のパーツを使いました。
ワンプレートに使えるアイテムを探してみてください。

スキレット

100円均一ショップで購入できる、スキレット型の計量スプーン。

カッティングボード

「木製カッティングボード（丸）」、「木製カッティングボード」（ともに日清アソシエイツ）。

DISH UP

ワンプレートの盛りつけ

好きなパーツと食器を用意したら、自由に盛りつけてみましょう。
基本の盛りつけ方とポイントを紹介します。

基本の盛りつけ

1

盛りつけるパーツと皿を用意する。

2

皿にのせながら、配置を決める。
大きいものから決めるとよい。

3

配置が決まったところ。

4

各パーツの裏にボンドを塗り、
皿に貼りつける。

配置を決めたら動かさずに1つずつパーツをはずし、ボンドを塗って元の位置に戻します。

Point
野菜をUVレジンであえる

野菜パーツはUVレジンであえ、
事前にひとまとめにしておくと、
盛りつけがよとよりやすくなります。

1

好きな野菜パーツを
用意する。
シリコンマットや小さく切ったクリアファイルの上で作業します。

2

UVレジン（太陽の雫ハードタイプ）をつけて全体をあえ、粘土ヘラ（ステンレスモデラ）で形を整える。

3

UVライトにあててかため、はがす。
バリ（はみ出た部分）があれば取り、きれいに形を整えます。

Point
パーツに動きを出す

野菜のしんなりした感じを表現したいときは、
パーツをしめらせると、動きが出て
リアルに仕上がります。

パーツをウエットティッシュにのせて軽く挟み、柔らかくしてカールをつける。

作品リスト

食パンプレート (p.12)

- p.68 平皿、カップの型を使用。
- ハム、ラディッシュ、スライスチーズをUVレジンであえ、UVライトにあててかためる (p.75)。
- ベビーリーフ、ラディッシュ、トマトをUVレジンであえ、UVライトにあててかためる (p.75)。
- にんじん、焼き玉ねぎ、アスパラガスをカップに入れ、コンソメスープを注ぎ、UVライトにあててかためる。

イングリッシュマフィンプレート (p.13)

- p.68 平皿、カップの型を使用。
- イングリッシュマフィンの上に溶かしチーズ、いちごジャムをのせ、メープルシロップをかけてUVライトにあててかためる。
- じゃがいものポタージュを3回に分けてカップに注ぎ、最後に黒こしょうをのせ、UVライトにあててかためる。
- クレソン、りんごをUVレジンであえ、UVライトにあててかためる (p.75)。

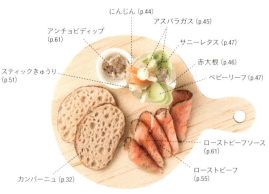

バゲットプレート (p.14)

- p.68 平皿の型を使用し、グレーのマーブルに着色 (p.70)。
- にんじんと紫玉ねぎをUVレジンであえ (パーツをウェットティッシュで少ししめらせて動きを出す)、UVライトにあててかためる (p.75)。
- トマトと玉ねぎをUVレジンであえ、UVライトにあててかためる (p.75)。
- 焼きじゃがいもとミディアムグラス (下記) をUVレジンであえ、UVライトにあててかためる (p.75)。

ミディアムグラス (モーリン)
ジオラマ模型などで使われる素材。本書ではMG-14 (ライトグリーン) をディルに見立てて使用。

カンパーニュプレート (p.15)

- 市販のカッティングボード (p.74)、p.68 ココットの型、グラスの型を使用。
- ローストビーフを盛りつけ、ローストビーフソースをかけてUVライトにあててかためる。
- グラスにベビーリーフ、サニーレタスを立てて入れ、アスパラガス、スティック状に切った赤大根とにんじん、きゅうりを入れる。

好みのペーパーを切ってカップやボウルの下に敷くとアクセントになります。写真は100円均一ショップで購入したお弁当用の仕切り。

シリアルプレート (p.16)

- p.68 平皿の型、カップの型を使用し、平皿は黒に着色 (p.70)。
- カップにヨーグルトを入れてシリアル、りんご、いちご、ブルーベリー、バナナ、ドライクランベリーを盛りつける。
- サーモンと紫玉ねぎ、ミディアムグラス (p.76) をUVレジンであえ、UVライトにあててかためる (p.75)。

- p.68 平皿の型、デザートボウルの型を使用し、平皿は黒に着色 (p.70)。
- ボウルにヨーグルトを入れてシリアル、バナナ、ドライクランベリー、ブルーベリーを盛りつける。
- クレソン、ゆで卵、トマト、ラディッシュをUVレジンであえ、UVライトにあててかためる (p.75)。

ハンバーグプレート (p.17)

- 市販の計量スプーン (p.74) を使用。
- ハンバーグを盛りつけ、ハンバーグソースをかけてUVライトにあててかためる。
- 焼きじゃがいもの上にミディアムグラス (p.76) を散らす。

ハッシュドビーフプレート (p.18)

- 木のリム皿 (p.72) を使用。
- ハッシュドビーフを皿に盛り、UVライトにあててかためる。
- にんじんと紫玉ねぎをUVレジンであえ (パーツをウェットティッシュで少ししめらせて動きを出す)、UVライトにあててかためる (p.75)。
- ベビーリーフ、トマトをUVレジンであえ、UVライトにあててかためる (p.75)。

作品リスト

おにぎりプレート (p.19)

- 木の皿 (p.72 削らずにそのまま使用)、p.68 ボウルの型を使用。
- 大根の煮物、にんじん、絹さやをボウルに入れ、だし汁を注ぎ、UVライトにあててかためる。

- 木の皿 (p.72 削らずにそのまま使用)、p.68 ボウルの型を使用。
- がんも、絹さやをボウルに入れ、だし汁を注ぎ、UVライトにあててかためる。

焼きさけプレート (p.20)

- p.68 平皿の型を使用し、グレーのマーブルに着色 (p.70)。

焼きさばプレート (p.21)

- 木の削り目皿 (p.72)、p.68 ボウルの型を使用。ボウルはアクリル絵具(**リキテックス ソフトタイプ**)〈アイボリーブラック〉で濃いグレーに着色した粘土で作る。

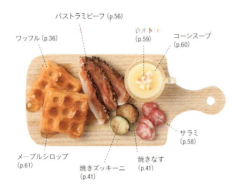

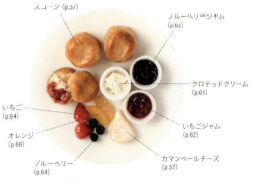

ワッフルプレート (p.22)

- 市販のカッティングボード (p.74)、p.68 カップの型を使用。
- ワッフルを盛りつけ、メープルシロップをかけ、UVライトにあててかためる。
- カップにコーンスープを3回に分けて注ぎ、最後にクルトンをのせ、UVライトにあててかためる。

スコーンプレート (p.23)

- p.68 平皿の型、ココットの型を使用。
- スコーンは1つを両手で半分に割り、クロテッドクリームといちごジャムをのせる。

パンケーキプレート (p.24)

- p.68 平皿の型、カップの型を使用し、平皿はクリーム色に着色 (p.70)。
- パンケーキを盛りつけてバナナをのせ、ブルーベリーソースをかけ、ベビーパウダーをふり、UVライトにあててかためる。
- かぼちゃのポタージュを3回に分けてカップに注ぎ、最後にかぼちゃとミディアムグラス (p.76) をのせ、UVライトにあててかためる。
- サーモンはくるくる巻いて盛りつけ、かいわれ大根をのせる。
- ベビーリーフ、トマト、ゆで卵をUVレジンであえ、UVライトにあててかためる (p.75)。

ミニタルトプレート (p.25)

- p.68 平皿の型を使用。
- p.39 の要領でタルトに各パーツをトッピングする。

関口真優（せきぐち まゆ）

スイーツデコレーション作家。「持つよろこび」をコンセプトに上品で繊細な作品を得意とし、TBS「王様のブランチ」などテレビ、ラジオをはじめとする多くのメディアで活躍。2009年に東京・半蔵門にスイーツデコレーションスクール「Pastel sweets（パステルスイーツ）関口真優スイーツデコレーションスタジオ」を設立。数多くのインストラクターを輩出するとともに、海外からもその技術、指導が注目され、講師としてオファーを受ける。現在、台湾、シンガポールに講座を展開し、グローバルにスイーツデコレーションの楽しさを発信している。『樹脂粘土でつくる かわいいミニチュアパン』、『樹脂粘土でつくる かわいいミニチュアサンドイッチ』、『樹脂粘土でつくる とっておきのミニチュアスイーツ』、『樹脂粘土でつくる レトロかわいいミニチュア洋食』（小社）、『おゆまるでスイーツデコ』（大和書房）、『100円グルーガンでかんたんかわいいスイーツデコ＆アクセサリー』（三才ブックス）、『UVレジンで作るかんたんアクセサリー』（マイナビ）など著書多数。

http://pastelsweets.com
関口真優ブログ
http://mayusekiguchi.hatenablog.com/

デザイン … 桑平里美
撮影 … masaco
スタイリング … 鈴木亜希子
編集 … 矢澤純子

〈材料協力〉

日清アソシエイツ
TEL 03-5641-8165　http://nisshin-nendo.hobby.life.co.jp

パジコ
TEL 03-6804-5171　http://www.padico.co.jp

タミヤ
TEL 054-283-0003　http://www.tamiya.com/japan/index.html

※掲載した商品の情報は2018年4月現在のものです。

樹脂粘土でつくる ときめきミニチュアワンプレート

2018年6月20日　初版印刷
2018年6月30日　初版発行

著者　　関口真優
発行者　小野寺優
発行所　株式会社河出書房新社
　　　　〒151-0051　東京都渋谷区千駄ヶ谷2-32-2
　　　　電話 03-3404-1201（営業）/ 03-3404-8611（編集）
　　　　http://www.kawade.co.jp/
印刷・製本　三松堂株式会社

Printed in Japan　ISBN978-4-309-28684-6

落丁本・乱丁本はお取り替えいたします。
本書のコピー、スキャン、デジタル化等の無断複製は著作権法上での例外を除き禁じられています。本書を代行業者等の第三者に依頼してスキャンやデジタル化することは、いかなる場合も著作権法違反となります。

本書に掲載されている作品及びそのデザインの無断利用は、個人的に楽しむ場合を除き、著作権法で禁じられています。本書の全部または一部（掲載作品の画像やその作り方図等）を、ホームページに掲載したり、店頭、ネットショップ等で配布、販売したりする場合には、著作権者の許可が必要です。

本書の内容に関するお問い合わせは、お手紙かメール（jitsuyou@kawade.co.jp）にて承ります。恐縮ですが、お電話でのお問い合わせはご遠慮くださいますようお願いいたします。